ヴィーコの哲学

転換期を読む 11

ベネデット・クローチェ◆著

上村忠男◆編訳

未來社

ヴィーコの哲学 ❖ 目次

第1章　ヴィーコの生涯と性格について　5

第2章　ヴィーコ認識理論の第一の形態　55

第3章　ヴィーコ認識理論の第二の形態　87

第4章　ヴィーコ認識理論の源泉　111

編訳者あとがき　155

人名索引　巻末

装幀——伊勢功治

ヴィーコの哲学

第1章　ヴィーコの生涯と性格について

1

民族再興熱が高まりを見せていた時期、詩人や哲学者をはじめとしてイタリア史を多かれ少なかれ代表するすべての人々について、事実の修辞的＝伝説的なねじ曲げが遂行され、彼らを王室と祭壇に反対して闘った愛国者、自由主義者、反逆者、あるいは少なくともそのような反逆の空気を醸成した人物として遇するということがなされた。こうした時代の風潮のなかで、ジャンバッティスタ・ヴィーコについてもまた、一時的にではあったが、魔法の杖を使って、そのようなねじ曲げの作業に服させようとするこころみがなされたことがあった。なかでも、ヴィーコは自分の思想が人々の伝統的な宗教的信念に由々しい衝撃をあたえることを自覚していて、あるいはその件について友人たちから忠告されたこともあって、『新しい学』を謎で包み込み、文意を隅々まで入念に探査して読みとることのできる者のみがそれが意図しているものを見つけ出すことができるよう配慮したのだ、と言われた。しかし、この伝説は一七九九年ナポリ革命時の愛国者や共和主義者によって広められ、かなりのヴィーコ研究者の信じるところとなったものの、批評だけでなく、良識の明かりに照らしてみても、それは長くは続きようもなかった。そしてカタルド・イァンネッリは、道理にかなったことにも、この伝説にかんしてはわずかばかりの軽蔑的な諷刺の言葉を投げかけただけでやり過ごしているのだった[1]。

　たしかに、客観的に見た場合には、ヴィーコの学説はキリスト教的超越性の思想と神学についての批判ならびにキリスト教の歴史についての批判を暗々裡に含んでいた。また、主観的に見た場合にも、どうやらヴィーコは若いころ（その時期のヴィーコについてはわたしたちにはごくわずかのことしかわかっていないのであるが）宗教上の懐疑に陥って悩んでいたようであった。そして彼はそのような懐疑への誘因を、当時彼が読んでいた書物以外にも、彼と同年代の若者たちの社会のうちに見いだすことができたはずなのであった。彼と同年代の若者たちのあいだには「自由思想家」たち、あるいは当時の文献のなかではこうも呼ばれていたように、「エピクロス主義者」や「無神論者」たちが少なからずいたのである[2]。ヴィーコがベルナルド・マリーア・ジャッコ神父に宛てた一七二〇年のある書簡のなかで述べているところによると、ナポリでは彼について《青年になって間もないころからもろもろの弱さを露呈し誤りを犯していた》との評判が広まっていたという。そして、これらの弱さや誤りは人々の記憶のなかに固定され、しばしば見られるように、《その後、彼が幸運にもなしとげることとなったすべての善良にして礼節にかなったことを判断するさいにも》、《永遠の規準》となるにいたったとのことである。[3] それらの誤りや弱さとは、いったい、なんであったのだろうか。

また、『普遍法の単一の原理と単一の目的』、なかでもそれの計画を提示した「シノプシス〔梗概〕」〔一七二〇年〕が出たとき、ヴィーコが耳にした敵対的な《最初の声》は《見せかけの敬虔さに彩られていた》。そして、それらの声にたいしては、彼は宗教そのもののうちに、すなわち、《修道会のうちでももっとも厳格でもっとも神聖な修道会の最初の燈明》であるジャッコ神父から寄せられた賛同の声のうちに自分を防護するための盾と慰めを見いだしたというのだった。[4]

しかし、この点にかんして彼に浴びせられた非難については、個別具体的な情報はなにひとつわたしたちのもとに残っていない。また、彼を苦しめたらしい宗教上の懐疑についても、そのことを確信させるに足るだけの漠とした証拠すら見あたらない。ヴィーコの全著作から明らかになるのは、彼の心のなかにはカトリック信仰がダイヤモンドでできた円柱のように重々しくしっかりと鎮座していて、けっして揺らぐことはなかったということである。その信仰の堅固にして強靱さたるや、彼が創始した神話批判によってもいささかなりとも毀損されることとすらなかったほどなのであった。外面的な証拠から察するかぎり、ヴィーコは非のうちどころのないカトリックであった。そして、活字になるあらゆる言葉を一字一句、つねに聖職に就いている友人たちの公的ならびに私的な二重の検閲に委ねており、法律家たちの法衣のあいだではもとより、それ以上に僧衣と修道服に囲まれたなかにあって、彼の哲学的・文学的活動を展開していたのだったが、それだけではない。彼はさらには慎重にもグロティウスにかんする注釈の仕事を中断することすらしている。カトリックの人間がプロテスタントの著作家の仕事を注釈するのは適当でないように彼には思われたのである。[5] そして、カトリックとしての彼の名誉意識たるや、彼の宗教的感情をめぐってのいっさいの論争を拒否するほどまでに繊細なものであった。彼は『イタリア文人雑誌』で彼を批判した者たちにたいしてこう答えている。《この異議〔ヴィーコの実体概念にたいする異議〕にかんしては、霊魂の不滅性についてあなたがたがわたしに提出しておられる異議の場合と同様、あなたがたはどうやら優に七つの論拠を手にしておられるようであるが、もしそれらの論拠があなたがたからわたしにたいして提出されたのでなかったならば、わたしはそれらの論拠がもっと深く進行していって、たとえわたしの生命と振舞いによって保護され支持される領域であるにしても、そのように防衛すること自体が侵害行為にほかならないような領域にまで分け入っていくものと判断していたかもしれない。だが、いまはことがら〔主題〕そのものを論じることにしよう！》[6]。

カトリック教の世界では当時、迷信が広く普及していて人々の心のなかに深く根を張っていた。とくにナポリにおいてはそうであった。ナポリでは私的・公的なあらゆる出来事に守護聖人の聖ジェンナーロが役者ならびに監督として介在していたのである。しかし、ヴィーコのカトリック教にはそうした迷信めいたものはなにひとつ存在しなかった。彼のカトリック教は崇高な心情と知性のカトリック教であって、炭焼き風情《ふぜい》の信仰ではなかった。それでも、迷信にたいしても、ヴィーコは検閲官の役割を演じることはしなかった。それについては、ただ黙して語らないことで満足していた。それはわたしたちの崇敬の対象となっている人物や制度の弱点については人々が黙して語らないのと同様である。

2

宗教にたいするのと多くの点で類似する心の性向をヴィーコは政治的・社会的な生活にたいしても示していた。ルネサンス期の何人かの哲学者、とくにブルーノとカンパネッラの場合に見られたような、使徒、宣伝家、煽動家、陰謀家ふうの戦闘的精神は、彼のうちにはなにひとつ見られなかった。カンパネッラについては、ヴィーコは（同じナポリ人であったにもかかわらず、そしておそらくはナポリ人であったからこそ）一度として名前を挙げることすらしていない。たしかに、彼が生まれ落ちた時代と場所は英雄たちが活躍するのに適した時代でも場所でもなかった。そこでは、英雄を産み出すような急激な社会的変革や革命が起こるということはなかったからである。それでも、政治的党派（フランス派とオーストリア派）の活動は見られた。そして、そのいずれかの党派に自分たちの仕事と生命をささげる者たちも登場し、迫害されたり亡命を余儀なくされたりしていた。なかでも、特筆すべきことにも、当時ナポリでは、ピエトロ・ジャンノーネとともに、教会にたいする国家の闘争、ローマにたいするナポリの闘争が頂点にまで達していた。ところが、ヴィーコはジャンノーネについてもその運動全体についてもつねに沈黙しており、その存在に気づいてすらいなかったかにみえるのだった。政治的な生活は彼の頭上高くに、天や星辰のごとくにとどまりつづけていた。そしてそれに空しくも手を伸ばして触れようと努力することはついになかったのである。宗教的な論争と同様、政治的・社会的な論争も彼の活動の限界をなしていた。彼はまことに非政治的な人間であった。そうであったからと言って、彼にそのことの罪を負わせることもできなければ、意気地のなさを咎めることもできない。というのも、人にはだれでも限界があるからである。そして、ひとつの闘いに参画すればもうひとつの闘いを排除してしまうこととなり、ひとつの仕事に専念すれば他のさまざまな仕事を排除してしまうこととなるというのは、致し方のないことなのである。

もっとも、彼は政治やその代表者たちとのあらゆる接触から身を引いていたというわけではなかった。残念なことに、彼はあまりにもしばしば、政治界やその代表者たちのご機嫌とりを務めざるをえなくされて、連中のために伝記を書いたり演説をしたりしていた。また、詩文やエピグラフをラテン語やイタリア語で作っては連中に献上していた。それらを集成してみただけでも、十七世紀末から十八世紀半ばにかけてナポリが見舞われることとなったさまざまな事件の有為転変を十分に再現することができるだろう。スペインによる副王〔総督〕支配体制と、オーストリア派の貴族たちによってこころみられた陰謀と叛乱、それにたいするスペイン側の反撃と副王支配体制の再確立、オーストリアによる征服とオーストリア側の副王支配、スペインによる再征服とブルボン家のシャルルの支配、等々……。だが、それらの有為転変にヴィーコは《必要に迫られていたという理由できわめて愛想よく[7]》つきあっていた。そして王立大学における雄弁術の教授として、当時の王侯貴族がさまざまな儀式を執り行なうさいの要求に応えて文章を作成することを余儀なくされていた。それは、そうしたおりに、織物屋がフリンジを仕立て、スタッコ職人が渦形装飾や花文字をあしらうのと同じことであった。しかも、その彼のあしらうフリンジや花文字といったら！　当時は十七世紀のスペイン風スタイルがなおも文学界では支配的だった。そしてこのことは、それだけでも、ヴィーコによって惜しげもなく提供された讃辞のうちに法外で誇張とおぼしき表現が多々見られることの理由を説明するのにほぼ十分である。時勢にたいするヴィーコの態度がどんなに無関心で無邪気なものであったかは、自伝のつぎのくだりからもわかるとおりである。そこでは、ヴィーコはスペインの副王を務めていたアスカローナ侯爵の命を受けて「フェリーペ五世を讃える頌文」を作成したことを想い起こしたのち、まるで何ごともなかったかのように、「その後」とだけ言葉を接いで、続けているのである。《その後、この王国がオーストリアの支配下に入ることとなり、当時この王国における皇帝軍総司令官であられたヴィーリッヒ・フォン・ダウン伯爵から》ジュゼッペ・カペーチェとカルロ・ディ・サングロの罪を贖う葬儀のために追悼文を作成するようにとの《下命を受けた》[8]と。この両人はフェリーペ五世への反逆者で、何年か前、前政府がマッキアの陰謀事件〔一七〇一年、スペインのカルロス二世が死去したさいにスペインによる副王支配体制の転覆を狙ってナポリの貴族層がくわだてた陰謀事件。首謀者であったマッキア公ガエターノ・ガンバコルタの名前をとってそう呼ばれている〕を弾圧したさいに処刑されていた。そして、この陰謀事件については、ヴィーコは『パルテノペアの陰謀』〔一七〇一年〕のなかでは〔事件を弾圧した〕ブルボン朝側の観点に立ったところから叙述していたのだった。

だが、ヴィーコには、卑劣なところはなんら存在しない。そして、それらの書き物にあらわれた彼については美文家とか頌文作者と言わざるをえないとしても、時の権力者に媚びへつらったおべっか使いであると言うことはできない。おべっか使いというのは良心のかけらもない人間であって、自分の媚びへつらう者たちの敵対者を蔑み中傷したり、敗者を罵倒したりする。これが卑劣というものなのだ。これにたいして、ヴィーコのほうはどうであったかといえば、彼は彼を誹謗する覚書きを『アークタ・リプシエンシア』〔一六八二年にライプツィヒで創刊されたドイツで最初の学術情報誌〕に送ったイタリア人ないしナポリ人がだれであったのかを知っており、怒りで震えていた。そしてその人物を破滅させようと思えば容易に破滅させることもできた（というのも、その覚書きは反カトリックの色彩の濃厚な覚書きであったからである）。しかし、彼は寛大にもその人物の名前をけっして明かそうとはしていない。[9] また、たしかに王立大学の雄弁術教授として奉仕できることはやっていたが、彼が讃辞を献上したパトロンたちと利害関係上の取引をするようなこともいっさいやっていない。委託を受けて作成し、それで得た収益で娘の一人を嫁がせた『アントニオ・カラファ伝』について、彼は《主題となっている人物への礼節と王侯方への敬意と真理のために堅持されてしかるべき公平さとの釣合いをうまくとりつつ》その仕事を進めたと述べている。[10] また、いましがた言及したカペーチェとサングロのケースに話を戻すなら、彼は『パルテノペアの陰謀』のなかで勝利した側にとっては敵以外の何者でもなかったそれら二人の人物の死について語るときには、彼が本来高邁な心の持ち主であったことを、〔勝利者側の観点からその事件を記していた〕当時でもいくつかの細部にかんして露わにしている。そして、スペインの兵士たちに頑として降伏しようとはしなかったカペーチェについては、《胸を死へと曝して武器でもって傷つけるよう要求し、命を惜しむことなく斃れた。これは、もし敬意を表してこういう言い方をすることが許されるとしたなら、このうえなく勇壮な死にざまであった》と書いている。また、サングロについては、ルイ十四世が刑の執行を延期するよう命令なさったとの声が届いたが、時すでに遅きに失したとあったのち、《すでに死罪を宣告されて罰を受けていた者にたいしては、それだけになおのこと同情すべきものがある》と付け加えている[11]。

疑いもなく、彼が讃辞を作成した人物の大半がほとんど顧慮に値しない者たちであったことは隠しようもなく、じっさいにもそのことを彼は隠してはいなかった。彼の頌文を読んでいると、あたかもナポリは当時、徳と教養と学識に光り輝く貴族層を擁していたかのようである。しかし、ナポリにおける学問研究の現状についての情報を求めてきたエドアルド・ド・ヴィトリ神父にたいして、ヴィーコは実情を包み隠さずに伝えている。《貴族たちは安逸な生活に浸りきって眠りこけています》と[12]。その貴族層がしばしば極度の貧窮状態にありながらつねに豪奢を装い、家のなかでは飢餓に耐えながら外では四輪馬車に乗ったりして自分を誇示してみせているありさまを諷刺したモットーを、ヴィーコの学生であったアントニオ・ジェノヴェーシはわたしたちに残している[13]。また、文学的教養の豊かな人士として知られるラウレンザーノの公爵のことに言及して、ヴィーコは「高貴な御方」のお書きになるものは必ずや卓越したものであるにちがいないとの理論を定式化してみせている。[14] しかし、ヴィーコの書類のなかに、その公爵のある本の、ヴィーコ自身によって徹底的に書きなおされた手稿があるのをわたしは発見した。[15]

貧困に圧迫されて致し方なく用心深く臆病にならざるをえなかった哀れな男の陥った自家撞着と妥協の程度たるや、貴族たちにたいする彼の称讃がどこまでたんに言葉のうえだけのお世辞にすぎないものであったのか、また、彼の社会的劣等感が、富と威信と彼に欠けているすべてのものを有していた連中、かくては高いところに場所を占めていてまさしく「シニョーレ」であった連中にたいする、どこまで実際上の称讃に変化するにいたったのか、確定するのを困難にしているほどなのである。

3

それというのも、よく知られているように、彼の経済状態はつねにこのうえなく暗澹たるものであったからである。ナポリのちっぽけな本屋の息子に生まれて、ヴィーコは最初、チレント半島の未開の村に家庭教師としておもむくことを余儀なくされた。そしてその後ナポリに戻ってから市の書記のポストを得ようと奔走するが空しく、一六九九年に公募で王立大学の弁論術の講座を獲得して以来三十六年間にわたって年俸一〇〇〇ドゥカート（四二五リラ）でそのポストにとどまりつづけることとなる。その間、一七二三年には、もっと重要度の高い講座へ移ろうとこころみるものの、これも希望がかなえられず、不運であったのか、それとも適性を欠いていたのか（《自分の利益にかんすることとなるとからきし意気地がなくなってしまう》とは彼自身が認めているところであった）[16]、大学での昇進をいっさい断念せざるをえなくなる。したがって、彼はさきに述べたような種類の文章を作る仕事をしてみたり、さらには個人的なレッスンを授けたりして、家計の足しにすることを余儀なくされ、（大学での講義以外に）自分の家で塾を開いただけでなく、青少年やさらには幼児たちまでをも相手にした文法の教師として他人の家の階段を上り下りしていたのだった。

　彼はまた家族生活にも恵まれていなかった。妻は読み書きができなかったうえ、読み書きのできない女性の美点も持ち合わせていなくて、ちっぽけな家事すら満足にこなせない始末であった。そのため、夫が代わりに家事いっさいを引き受けてやらなくてはならなかった。子どもたちのうち、娘の一人は長らく病気を患い、貧乏人の病気を苛酷なものにする多大の出費ののちに死んでしまった。また息子の一人は素行が悪く、目に余る不良行為をはたらいたため、彼は警察の介入を求めて、その息子を矯正施設に閉じこめることを余儀なくされている。それでも、彼の父性愛の非合理的なまでの崇高さたるや、警察官がやってきて哀れな可愛い息子を連れ去ろうとするのを窓から見かけるやいなや、たまらずに戸外に飛び出し、息子のところに駆けよって、《息子よ、逃げるんだ！》と叫んだほどであったという(17)。

まことヴィーコはいたって情愛ゆたかな心の持ち主であった。このことは、とりわけ、生前彼が親交を結んでいたペトレッラ侯爵夫人アンジェラ・チミーニの死を悼んで作成した高貴さと優しさに満ちあふれた演説と、その歴史を彼が調査した〔古代ローマ時代の〕抑圧された庶民たちや、その詩魂を彼が鋭敏に感じとった〔ホメロスの『イリアス』に歌われている〕プリアモス王とその娘ポリュクセネの悲劇的な最期にたいしての『新しい学』のなかでの同情と憤激に駆られた調子の言及、さらには、たとえば『新しい学』の公理四〇においてうかがわれるようないくつかの文体的特徴から引き出すことができる。その公理四〇では、魔女たちは、自分たちの魔術を厳粛なものにするために必要とあらば、《愛くるしくあどけない嬰児たちでさえも平然と殺し、ばらばらにしてしまうことも辞さない》ことを想い起こしている。そして、このうえなく不適切なことにも、しかしまたこのうえなく意義深いことにも、その幼子たちの運命にすっかり心をかき乱してしまって、それを至上の愛情にあふれた感動的な想像力でもって飾っているのである！

いろいろと不幸なことばかりが重なった家族生活のうちにあって最大の慰めは、娘のルイーザが教養を積んで詩人になったことであり、息子のジェンナーロが大学での講座において彼の代理を務め、彼が引退してからはその後を継ぐこととなったことであった。ヴィーコはダルタン伯爵夫人が死去したさいに夫人を讃えた頌文のなかで、《陣痛に苦しんでいる妻》や《病で日ごとに衰弱していく子ども》のことで悩んだり苦しんだりすることもなく[18]、心地よい庭園を散歩したり装飾画をあしらった柱廊の下にたたずんだりしながら議論しあっている哲学者たちに皮肉っぽく言及しているが、ここからは、彼が彼自身の直接的な経験をとおして語っており、自分の家族生活での痛ましい記憶が彼の胸を突き刺しているのが感じとられる。

　とくに現代では、なんらかの才能のある者たちがあれこれの日常的な雑務から解放されて仕事をしている姿を見かけることがきわめて多い。それだけになおのこと、この天才的な人物がそれらの雑務をすべて引き受け、（フローベールの言葉を借りるなら）半ば神のごとくに思考しながらも、終始一貫してごく普通の市民として、それどころか一介の庶民として生活していたというのは、称讃すべきことである。彼は《自分の子どもたちが騒ぎ立てるなかで友人たちと会話を交わしながら[19]》、本を読み、手紙を書き、思索をめぐらせ、自分の仕事を執筆するのを慣わしとしていたのだった。

　健康状態はいつも思わしくなかった。友人たちは彼のことを「骨皮先生」と呼んでいた[20]。若いころから虚弱であったのにくわえて、年老いてからは喉にできた腫瘍と大腿部と脚部の痛みで苦しんでいた。要するに、他の哲学者たちが生涯全体をつうじて、あるいはそのうちの長い期間にわたって享受していた安息と余暇と静穏が、ヴィーコにはつねに欠如していたのだった。彼は〔相反する〕マルタとマグダラのマリアの役を同時にこなさなければならなかった。あらゆる瞬間に自分と自分の家族の実際的な必要のことで苦闘していたと同時に、生まれたときから彼に託されていた使命を遂行し、彼の内部にあって動いていた精神世界に具体的なかたちをあたえようとして、自分自身と苦闘していたのだった。

4

したがって、英雄ヴィーコなるものを作りあげてみたり願望してみたりして、それを彼の宗教的な生活や社会的・政治的な生活のうちに求める必要はない。真の英雄ヴィーコはすでにわたしたちの眼前に存在しているからである。哲学生活の英雄がそれである。ほかの者たちによっても指摘されてきたように、彼は「英雄」という言葉やそれの派生語（「英雄主義」、「英雄的」等々）をこよなく愛していた。そしてこの語をたえず使用し、じつにさまざまなかたちでの応用をくわだててきた。英雄主義とは、彼にとっては、歴史の始まりに出現し、歴史がその過程を最初から開始しなおすなかでもあらためて出現する、このうえなく強力な純粋無垢の力のことであった。この力を彼は自分自身のうちにも、真理のために仕事をし、あらゆる種類の障害を打破して学への新しい道を切り開いていくなかで、感じとっていたにちがいないのだった。この力のおかげで、彼は時として彼を（『望みを絶たれた者の想い』〔一六九二年〕という詩にうかがえるような）個人的ならびに宇宙的な規模の暗いペシミズムに陥らせていた若いころの不確かさ、戸惑い、意気阻喪を克服して、『われらの時代の学問方法について』〔一七〇九年〕において表明することとなった確固とした学問方法と、『イタリア人の太古の知恵』〔一七一〇年〕に代表される最初の哲学的＝歴史的適用のこころみへと進んでいくことができたのだった。そして、ここから、つぎには、彼自身の思想を一部放棄し、残りの部分で新しい布を織りあげなおすことによって、『普遍法の単一の原理と単一の目的』〔一七二〇年〕と『新しい学』〔第一版一七二五年、第二版一七三〇年、第三版一七四四年〕へと到達していったのである。《たえざる厳しい省察のいまや二十五年におよぶ経過ののちに》と彼は『新しい学』にふくまれているさまざまな発見について述懐している。

　このしがない文法とレトリックの教師、現代のある諷刺家が《痩せ細った体軀に丸い目をしていて、手には鞭を持っている[21]》というように描き出しているこの教育者、この心配事の絶えることがなかった家長によって完遂された著作『新しい学』には、まこと仰天すべきものがあり、ほとんど戦慄をすら覚える。それほどまで大量の知的エネルギーがそこには凝縮されているのだ。それは反動の書であると同時に革命の書でもある。古代とルネサンスの伝統に立ち戻ろうとしているかぎりでは現代への反動の書であり、現在と過去にさからってやがて年代記的に十九世紀と呼ばれることとなる未来を基礎づけようとしたものであるかぎりでは革命の書なのである。

一介の身分の卑しい庶民育ちの男が、学問の分野では貴族に変身したのだった。そして彼が偽って当時の尊大なカヴァリエーレ勲章佩勲者や華美を誇る司教たちの惨憺たる書き物のうちに認めて誉め称えた例の貴族たる者に似つかわしいスタイル（stile da signori）なるもの[22]は、ほんとうは彼自身のスタイルなのであった。彼はフランスからイタリアや他のヨーロッパ諸国に普及しはじめていた優美で社交的な文学、《ご婦人がた向けの本》を忌み嫌っていた[23]。しかしまた同時に、今日「教本」と呼ばれているたぐいの、初歩的な定義や他の者たちによってすでに確認された事実を事細かに説明したような論述の様式も避けていた。それらの本は青少年にしか役に立たないというのだった[24]。そのうえ、ヴィーコは自分本来の不可侵の学問生活のいくぶんかでもそれらの本の犠牲にするにはすでに学校教育のなかで十分すぎるほど犠牲を払ってきたのだった。その学問生活のなかで彼がねらっていたのは、青少年やカヴァリエーレ勲章佩勲者やご婦人がた以外の読者であった。彼が書いているとき、その「応用」の相手として第一に思い浮かべていたのは《自分の省察したことがらをプラトンやウァッロや〔キケロの先生であった〕クイントゥス・ムキウス・スカエウォラならどのように受けとめたであろうか》ということであった。そして第二に思い浮かべていたのは《これらのことがらを後代の者たちはどのように受けとめるであろうか》ということであった[25]。同時代人のうちでは、彼はもっぱら、学芸共和国、学者たちの団体、ヨーロッパのアカデミーだけを眼中にしていた。そのような読者には、学問の歴史のなかですでに発見されたり言われてきて周知の事実となっていることを繰り返す必要はなく、知をほんとうに前進させているような思考のみを差し出してやればよかった。分厚い本ではなくて、《独自のことがらだけを満載したごくちっぽけな本[26]》を差し出してやればよかったのである。要するに、それはあくまでもひとつの理想的な読者層なのであった。ところが、それを彼は無邪気にもしばしば大学に職を得ている学者たちや学芸雑誌の批評家たちと混同していたものだから、頻繁に失望を味わうこととなるのだった。形而上学的素材にかんしては、短い書物は特別の効果を発揮することができるように彼には思われたのだった（そしてじっさいにも発揮していた）。それを彼は適切にも《要点だけを簡潔に提示する》宗教的省察になぞらえている。これらのほうがキリスト教的精神にかかわることがらにおいては《このうえなく能弁な説教師たちによってなされるもっとも言葉ゆたかでもっとも説明の行き届いた説教》よりもはるかに益するところが大きいというのである[27]。このように簡潔さを愛していたために、彼はすでに大量の本の重みに耐えられなくなっている学芸共和国にさらなる負荷をかけることを是とはしなかった。そこで、開講講演のたぐいは未公刊のままに放置し、『われらの時代の学問方法について』だけを出版したが、それは出版することが事前の約束で義務づけられていたからにほかならなかった。そして何度か[28]、自分の著作のうちでは『新しい学』だけが生き残ってほしいという願望を口にしていた。『新しい学』には彼のそれまでのこころみのすべてが凝縮され完成されたかたちでふくまれているというのだった。

　学問生活についての彼のとらえ方のなかでは、以上のようなアリストクラティックな理想にはもっとも高貴な威厳ともっとも深い誠実さとが随伴していた。彼が繰りひろげてきた論戦からは、学芸上の論争のおこない方をめぐっての完璧なカテキズム〔教理問答〕のようなものを取り出すことができる。彼は述べている。めざすべきは論争において勝利することではなくて真理において勝利することである、と。そこで彼は学芸上の論争が《あたうかぎり沈着に推論を進めながら》展開されることを欲するのだった。《力のある者は相手を脅しつけるようなことはしないし、正しい者は相手を傷つけるようなことはしない》という理由によってである。そして、せいぜい、《推論を進める者たちの心が静穏であって動揺も攪乱もされていないことを示すような》心地よい言葉でもって色づけするにとどめておくべきであると考えるのだった。漠然とした異議をしか提出しない論争相手にたいしては、彼はこう答えている。《その判断はあまりにも一般的すぎる。真摯な態度で事にあたろうとしている人間は、自分たちにたいしてなされる反論が個別的かつ具体的なものでないかぎり、けっして返答に値するものとは受けとめない》と。また、《ヴィーコが追放してしまったその時代の洗練された良き趣味》にその同じ論争相手が訴えようとしたときには、蔑むような口調でこう答えるのだった。《これはまことに大いなる反論だ。というのも、まったく反論にはなっていないからである。論争相手は「きみが言っていることはわたしが想ってもいなかったことだ」と述べることによって自分の判断の法廷から身を退いてしまい、論争相手から裁判官に変身してしまっているのである》と。彼は権威に依拠しようとは思わなかったが、それを過小に評価することもしなかった。権威は《著述家たち、なかでももっとも重みのある著述家たちが、どうしてまたあれやこれやの意見を抱懐するにいたったのか、その原因を探し求めるにあたって考慮すべきものである》と彼は見るのだった。また、アリストテレスが犯したのと同じ過ちを犯して、誤謬を哲学者たちのせいにし、こうすることによって容易に論駁できるようにしようとしているとの非難を浴びせられたときには、彼は堂々とこう抗議している。《わたしは悪しき慣習にしたがって偉大な哲学者にたとえられるよりは、わたしのわずかばかりの素朴な知識でもって満足したい》と。彼が公平な精神の持ち主であったことは、彼がみずからの思考の最大の努力を傾注して批判してきたデカルトについて驚嘆すべき讃辞を呈していることからもわかる。また、彼の誠実さは自分の過ちをみずから進んで迅速に認めていることから裏づけられる。《わたしの立てた区別が正しくないことを率直に認めたい》と彼は『イタリア文人雑誌』の批評者たちへの「答弁」のなかで述べている。[29] さらには『新しい学』第三版〔への序言のために準備された断片〕のなかでもつぎのように書いている。《読者にはくれぐれもお願いしたいのだが、これまでわたしたちが公刊してきた著作にたいしてこれらの人たちからあたえられた好意的な判断にわたしたちが満足することなく、それどころか、その後それらの著作を是とせずに排斥してしまったことを、けっして見栄っ張りな所作だと受けとらないようにしていただきたい。これはかえって、これらの人たちをわたしたちがこのうえなく高く評価し尊敬していることの証しにほかならないのである。粗野で傲慢な連中は他人から浴びせられた正当な非難や他人に指摘されたもっともな訂正要求に逆らってまでも自分たちの著作を持ち上げようとする。また、小心者は自分たちの著作にあたえられた好意的な判断に満足してしまい、もはやそれ以上歩みを進めて自分たちの著作を完全なものにしようとはしない。しかし、わたしたちの場合にかんしていうなら、偉大な人たちがあたえてくださった讃辞は、このわたしたちの著作を訂正し補塡し、さらにはよりよいかたちに作りかえる勇気をいっそう増大させてきたのだった[30]》。

まじめな真理の探求者にふさわしい廉直な学問生活。長きにわたって渇望し希求してきた真理とついに対面するにいたって、それを人々に告知することができることに心を高ぶらせている人に似つかわしく、感動し恍惚となっている感情生活。ここから、韻文ではなく散文で表現された、なかでも『新しい学』における、彼の崇高な詩が生まれてくる。《ヴィーコは詩人である》とニッコロ・トンマゼーオは書いている。《彼は煙から光を生み出し、形而上学的抽象概念から生き生きとしたイメージを引き出す。物語りながら推論をおこない、推論をおこないながら絵を描き出す。思索の頂点の上を散歩するのではなくて飛翔する。そのため、彼の文章の一節のうちには多くの頌歌のうちに見いだされる以上の抒情が込められているのをわたしたちは見いだすこととなるのである》[31]。フランチェスコ・デ・サンクティスもまた『新しい学』のうちに一篇の詩、ほとんど新しい『神曲』と称してもさしつかえないようなものを見てとっていた。しかも、ヴィーコはダンテのように崇高であったうえに、ダンテ以上に厳粛であった。そのギベリン派の詩人の唇が時として《少しばかり微笑みを浮かべる》ことがあったのにたいして、ヴィーコのほうは《けっして微笑むことのない》顔つきをして歴史を直視するのであった。そのうえ、みずからの文体にかんしておびただしい回数の検閲を受けてきたヴィーコは並の著作家ではなかった。彼は洗練された文体を求めてトスカーナ語独特の語法を熱心に学んでいた[32]と同時に、ニコーラ・カパッソの言葉を借りるなら、ラテン語の語彙の事細やかな鑑定人でもあった[33]。

　しかしながら、彼は自分の本を構成する段になると手際よく事を運ぶことができないでいた。

というのも、彼の知性は彼が蓄積してきた膨大な量の哲学的ならびに歴史的な素材のすべてを余すところなく制御することができなかったからである。また、書き進めているときにも不注意さが目立った。というのも、まるでデーモンに取り憑かれたように我を忘れて書き進めていたからである。このために、著作のさまざまな部分、個々のページ、そして個々の文節のなかにおいてすら、不均衡と混乱が生じる結果とあいなったのであった。彼はしばしば、水で満杯になった瓶がいきなりひっくり返り、そのなかに詰まっていた液体が外に流れ出ようとするものの、出口が狭いために簡単には流れ出ることができずに、《一滴また一滴とやっとのことで流れ出ている》ような印象をあたえている。いや、ここはむしろ、どくどくと、無秩序に、と言ったほうが適当かもしれない。彼がある観念を口にしているときには、それは別の観念を彼に想起させているのだった。そして、それらの観念はそれぞれ別の事実なのだ。ところが、彼はすべてを一度に言おうとする。だから、いきおい括弧に括弧を重ねる羽目となり、しばしば読む者に眩暈を覚えさせるのである。しかしまた、彼のそうした無秩序な文節にはいくつもの独創的な思索が詰まっている。しかも、すべてが力強い文言、彫像のように彫りの深い言葉、感動的な表現、絵画的なイメージでもって織りなされている。もしこう言ったほうがよければ、彼はたしかに悪文家である。が、それは偉大な著述家だけがその秘密を所持しているたぐいの「悪文」なのであった。

5

ヴィーコの哲学的英雄主義は学の錬成をめざしての自分自身との内面的な闘争において発揮されただけではなかった。それは他のもっと苛酷な試練にも曝されることとなった。彼の精神の到達した、現在に敵対的な立場、そして一見したところでは反動的なようにみえて現実には将来へと向かっていた立場は、必然的に彼を世間の理解から遠ざけることとなったのである。こうしたことは、疑いもなく、すべての天才的な人物を待ち受けている運命のようなものである。天才たちは、たとえ社会的な評判が彼らを後押ししているようにみえる場合でも、また彼らが熱狂を引き起こして一群の弟子や祖述者を見いだしている場合でも、奥深いところでは理解されないままにおわってしまうものなのだ。伝説によるとヘーゲルが死の床で発したという言葉（《わたしの弟子のうちで一人だけがわたしのことを理解してくれていた。そしてその弟子はわたしを誤解していた》）は、天才たちにおとずれるそのような歴史的必然性をもののみごとに表現している。その時代に完全に理解されている者は、その時代とともに死んでいく。しかしまた、ヴィーコの場合ほど、当人の思想と同時代人の無理解とのあいだの不釣合いが大きかった例は、まれにしか、あるいはけっしてなかった。「称讃を浴びたいという願望」は、非凡な精神の持ち主たちにおいては、自分には真にして善であると思われるものが他の人々のなかでも分かちもたれ賛同を得て普遍化されるのを見たいという願望にほかならないのであるが、それはヴィーコにとってはつねに「空しい願望」にとどまっていたのだった。

容易に想定されるように、ヴィーコは自分の発見したことがらの重要性を十分に自覚していた。それだけになおのこと、世間の無理解と無関心は彼を苦悶させた。彼は神の摂理が彼にきわめて崇高な使命を託したことを知っていた。また、彼が《故郷〔ナポリ〕とひいてはまたイタリアの栄光のためにこの世に生を享けた》ということ、《それというのも、彼はモロッコではなくここで生まれて学者になったからである》ということをも熟知していた。[34]『新しい学』を世に送り出したときには、ダイナマイトに火を点けたかのように思っていたものだから、それがたちどころに爆発し大音響を立てるのを期待していた。ところが、なにも起こらなかった。世人はその本のことについて一言も語ろうとはしなかったのだ。そこで彼は数日後、ひとりの友人にこのように書き送っている。《この都市でわたしの本を出版するにあたって、わたしはどうやらそれを砂漠に送り出したようです。本を献呈した人たちとばったり出くわすことのないように、著名な方々の集まる場所は避けるようにしています。たまたま出くわさざるをえない羽目に陥ったときでも、挨拶しただけで足早に立ち去ってしまうことにしています。出くわしても彼らは本を受けとったとの返事すらしてくれないのです。こうして彼らはわたしがどうやら本を砂漠に送り出したようだとの想いを裏づけてくれるのです[35]》。

なんとヴィーコは即座に反響があるものと信じていたのだった！　そして、彼の思索を受けいれ育ててくれるだけの開かれた心と頭をもった人士がほかでもないナポリの同時代の知り合いのなかに見つかるものと期待していたのだった！　それも、くだくだしい説教文を作っては得意げにそらんじてみせている修道士たちや、へたなソネットをこねくりあげているへぼ詩人たちや、書くものといったらせいぜい法廷に提出する書類一式でしかないような弁護士たちのあいだにである！

　ところが、彼が見いだすこととなったのは、おびただしい数の懐疑的な人物や無関心な者たちであり、少なからぬ数の嘲笑家たちであった。すでに『普遍法』も、それがお目見えしたときには、ピエトロ・メタスタージオがわたしたちに伝えているところによると、大方の読者からは《晦渋であるといって非難された》という[36]。そしてほとんど読まれることもなく、つまみ食いしただけの不注意な読者が暴露した、その本のあらゆる箇所に見られる奇抜な言い回しのゆえに性急にも酷評の的にされてしまったのだった[37]。ヴィーコから一部を献呈されたセバスティアーノ・パオリ神父は、本の上に、この著作はいったいなにを言おうとしているのか、まったく理解不能である、と軽口をたたいたディスティコ〔二行連句〕を書き記している[38]。

もっとひどかったのは『新しい学』にたいする反応であった。よく知られているところであるが、ニコーラ・カパッソは（学識のある人物でヴィーコにたいしては好意的な態度をとっていたのだったが）それを読もうとこころみてみたものの自分にはあらゆる理解のきっかけがつかめなくなってしまったように思いこんで、チリッロ医師のところへ駆けこんで脈をとってもらった、と冗談交じりに語っている[39]。ナポリのある貴族は、ヴェネツィアでボニファチオ・フィネッティ神父からヴィーコについてのナポリでの評判を尋ねられて、その男はしばらくのあいだはほんとうに学識のある人間で通っていたが、その後、奇妙な見解を述べはじめたため、変人との評判をとるにいたった、と述べている。《それでは『新しい学』を出したときにはどうでしたか》とフィネッティが念を押すと、その貴族は《おお、そのときには奴さんはまったく気が狂ってしまっていましたよ！》と答えたという[40]。

ヴィーコのことを悪く言う連中は、彼が生計を得ていたつつましやかな職業にまでつけいってきた。連中は言うのだった。ヴィーコ先生は《若者たちが勉学の課程を一通り終えた段階で、すなわち、彼らの知識によって彼らの研究意欲がすでに満たされてしまったあとで、彼らに教えるのに適した》先生である、と。あるいは、さらに意地悪く、ヴィーコ先生は若者たちを教えることには向いていないのであって、《彼らの教師たちによき指針をあたえる》ことにこそ向いておられる、と[41]。こうして連中はヴィーコが自分たちよりも優れていることを認めるふりをしながら、じつはそれを実際生活において彼に壊滅的な打撃をあたえるための論拠に使おうとたくらんでいたのだった。

6

そのようなヴィーコにも友人や称讃者はいないわけではなかった。しかし、それとて、一般の読者層の無関心と批評家たちの軽率さないし底意地の悪さにたいして埋め合わせをしてくれるほどのものではありえなかった。

じっさいにも、周りの人間たちにたいするヴィーコの接し方たるや不自然なまでに気配りに満ち満ちていて、相手からの反応をいつも不安げに待っていた。であってみれば、友人や称讃者には事欠きようもないはずであった。たとえば、彼がカプチン修道会士のジャッコ神父をどのように遇していたかを見てみるとよい。彼は神父の《驚嘆すべき著作》、《神のごとき才能》、《驚異に満ち満ちた神聖な観念の類い稀なる崇高さ》を誉め称えている。そして、神父から受けとった〔ヴィーコにたいする〕称讃の書簡をナポリの文人たちに回覧して読んでもらったところ、全員が《自分の考えていることを文章にするにあたっての》神父の《このうえない巧みさ》に賛嘆の声をあげた、とも神父に報告している（しかしまたかく言う彼自身が、ジャッコがいかにも修道士くさいラテン語で作成していた碑文を一点の非のうちどころもないみごとなラテン語に書き改めているのだった！）[42]。また別の機会には、ジャッコのような人物から讃辞が寄せられたことは妬みを呼び覚まし、一部の者たちはそれをたんなるお世辞だろうと受けとったということも、神父に報告している。これに劣らぬ苦労をヴィーコはバーリの大司教、ムツィオ・ディ・ガエータのご機嫌をとるためにも費やしている。この司教はいつも自分の功績ばかりを長々と述べ立てていて自分のことしか語ろうとはしないうぬぼれ屋さんで、司教の書いた教皇ベネディクトゥス十三世を讃える頌文をヴィーコが褒めたところ、何度褒めてもけっして満足せず、新たな褒め言葉を陰に陽に要求する始末であった。そしてヴィーコのほうでも、我慢強く、望みどおりの精力液をふりまいてみせるのだった。《猊下の驚嘆すべき御著作》、それの《貴族たる者にふさわしい言い回し》、《デモステネスのごとき逸脱》、古代ギリシアのアカデメイア派や古代ローマのキケロが哲学的な談話を交わすさいに採用していた、そして《イタリア人のあいだではほかでもない猊下が採用しておられる》雄弁、云々！　また、ヴィーコのかつての学生でその後田舎に引きこもったフランチェスコ・ソッラ弁護士には、〔一七二九年一月一二日付け書簡のなかで〕つぎのようにも囁いている。『新しい学』はあなたが人類の諸原理についてのいっさいの先入見から解き放たれた知性でもってそれを受けいれてくれるような高い理解力を具えた数少ない読者の一人であることを期待している、と。[43]

このように無邪気にもいろいろと画策し、可哀想なまでに子どもじみた手を打っては、ヴィーコは世間から承認され称讃を浴びたいという自分の欲求に幻想的な満足をあたえ、高ぶった自分の神経をなんとか鎮めようとしていたのだった。だが、最終的な結果はみじめなものであった。ジャッコの書簡のなかには、彼がヴィーコの学説のほんの一部でも理解していたとか、あるいは少なくともまじめな関心をもってそれらを考察してみようとしたことを証拠立てる言葉は一言も出てこない。ムツィオ・ディ・ガエータ大司教は、くどくどと贅言を述べ連ねたのち、ヴィーコの著作を《理解したというよりは〔その博識ぶりに〕感嘆した》ことを認めている。[44] 大司教はおそらくヴィーコの著作を読んですらいなくて、ただ自分の作った文章のできばえを自画自賛することだけで頭がいっぱいだったのではないだろうか。ヴィーコがかくも多くの期待を寄せていたようにみえるソッラにいたっては、ヴィーコが侯爵夫人アンジェラ・チミーニの死を悼んで書いた演説文を他のどんな著作よりも、ひいては『新しい学』そのものよりも優れていると判断していた。同様の不用意な讃辞をヴィーコはもうひとりの熱烈な心優しい賛美者、フランチェスコ・サヴェリオ・エステバン神父からも受けとっていた。[45] ヴィーコは自分の本が出るたびにそれをナポリの文人たちだけでなく、ローマ、ピサ、パドヴァ、さらにはドイツやオランダやイギリスの文人たちにも贈呈していた。『新しい学』の第一版はアイザック・ニュートンにまで送っている。[46] これにたいして、何人かの人たちからはときたま返礼として月並みな讃辞が彼のもとに届いた。しかし、多くの場合には無視と沈黙があいもかわらず続いていた。何百という学者のうちのひとりの学者、何千という文人のうちのひとりの文人として認められることとなったというのが、せいぜいのところであった。要するに、彼は学識ある人間ではあったが、それ以上の何者でもないのだった。

　さほど目立たない者たち、無名の者たち、若者たちのあいだには、ヴィーコは疑いもなく熱烈な賛美者たちをもっていた。連中のなかには、詩人でのちに教会の説教師になったゲラルド・デ・アンゲリス、さきに触れたソッラとエステバン、パドヴァの修道士ニコーラ・コンチーナなどがいた。しかし、彼らの愛情には大いなるものがあったにしても、理解力はわずかしか持ち合わせていなかった。コンチーナも、熱狂的にヴィーコを賛美しながらも、彼の学問的真価については自分にはあまりよくはわからない、と告白していた。《おお、なんと多くの実り豊かで崇高な光がご高著にはみなぎっていることでしょう！　そのような光がみなぎっていること自体はわたしにもちらっと垣間見えはするのですが、その深みと驚くべき仕組みを理解し利用することができるほどの才能がわたしにあったなら、どんなによかったことでしょうに！[47]》。

　これらの友人たちが果たすことのできたことといえば、せいぜい、思索の奥深いところでは合致することができないまでも、言葉を尽くすことによって、ヴィーコの憤懣やるかたない心を鎮めてやることぐらいであった。エステバン神父が、〔一七二九年一月二四日付けの〕書簡の最後で、アンジェラ・チミーニのための追悼演説について愚かしいコメントをしでかしたこと〔その追悼演説を『新しい学』そのものよりも優れていると評したこと〕を、いかにもヴィーコの口調をまねたかのような言葉でもって、《自信をおもちになってください。摂理はあなたさまご自身も想像なさっておられないような水路をつうじて不滅の栄光の尽きせぬ泉をあなたさまのために湧き出させになられることでしょう》と弁解している場合がそうであった。[48] イエズス会の神父ドメニコ・ロドヴィーコは（この人物は〔『新しい学』一七三〇年版および一七四四年版の扉頁の前の左側ページの〕ヴィーコの肖像画の下に記されている〔「ヴィーコ、ここにあり。その顔付きを画家は描くことができた。／おお、もしだれか彼の性格と素質までをも描くことができたなら！」という〕ディスティコ〔二行連句〕の作者でもあったが）、ヴィーコから『新しい学』第二版〔一七三〇年版〕を献呈されたことへの返礼として、ナポリのイエズス会士たちの住んでいたヌンツィアテッラの家の地下貯蔵庫に保存してあった葡萄酒を少しばかりとその家の竈で焼いたパンを少しばかり、そこに奥ゆかしくも《これらの品はまことに簡素なものではありますが、どうかお受け取りください。幼子イエスも牧夫たちの提供する粗末な食べ物を拒みはなさらなかったのですから》と記した手紙を添えて、ヴィーコに送っている。そして、著作の扉頁の前に置かれている寓意画に、そこに描かれているアルファベットとならべて、小びとがダンテの山の民のように驚嘆のあまり言葉を失ってしまったポーズをとっている姿を付け加えて、その下に《意味ありげな分節語》でもって「ロドーヴィーコ」という名前を書き添えてくださってはどうか、と示唆しているのだった。[49]

　ヴィーコの学校に通っていた数多くの若者たちのなかには、彼の学説でもって育って、師匠のことなら剣にかけても守り抜こうとする者も何人かいた。[50]しかし、このような若者たちの熱狂ぶりになんの価値があるのかはよく知られていることである。もしそれらの生徒たちがほんとうにヴィーコの学説をその何分の一かでも吸収していたのなら、その痕跡をヴィーコに続く世代の学問文化のなかに見てとることができたはずである。ところが、そういった痕跡らしきものはなにひとつ存在しなかった。かろうじて、彼の立てた定式や歴史的主張、あるいはまた全体的な脈絡からは切り離して表面的に理解された彼の概念のいくつかが、ヴェネツィアでアントニオ・コンティによって、パドヴァでニコーラ・コンチーナによって、スペインでイニャシオ・デ・ルザン（この人物は『新しい学』一七三〇年版が公刊された当時ナポリに住んでいた）[51]によって、そしてさらにその後はナポリでアントニオ・ジェノヴェーシやフェルディナンド・ガリアーニによって復唱されたにすぎなかった。

　世間の嫉妬、不真面目、陰口、中傷、愚かさはヴィーコのうちに激しい怒りの爆発を引き起こした。このような欠点については彼自身、自伝のなかで《論敵である学者諸氏の考え方や学説の誤り、あるいは不正な振舞いにたいして、厳しすぎる仕方で非難した》と告白するとともに、《本来であれば、キリスト教的な慈愛の心でもって、あるいは真の哲学者にふさわしく、それらの誤りを見て見ぬふりをしてやるか、大目に見てやるべきであった》と述べている。[52] しかし、じつを言うと、そのような欠点をもっていることを彼はかならずしも苦痛には感じておらず、それをむしろ美点であると考えていたのだった。アンジェラ・チミーニへの追悼演説文には怒りの讃歌とも受けとれるようなくだりが出てくる。《英雄的な憤怒》は《高貴な精神の持ち主たちのうちに怒りを沸騰させることによって、詐欺、奸計、虚言といった卑劣なたぐいのものの発生源をなす知性のあらゆる悪しき反省を攪乱し根底から揺さぶる。こうして、それは英雄たちを心ひろやかで包み隠すところがなく誠実な人間にする。ひいてはまた、彼らを真理に関心をもつようにさせることによって、理性の力強い擁護者として不正と侵害に立ち向かわせる》というのだった。[53]

文章を書くさいには《あらんかぎりの力を尽くして》そうした情念に陥ることのないよう努めていたとは言いながらも、[54] 彼が友人たちに宛てた私信のなかで《真理よりも学識を愛する》《悪しき学者たち》や《いっさいが記憶と空想だけでできている》世人たちを酷評している場合などには怒りが抑えきれずに湧き起こっているのが感じとられる。友人たちとの会話のなかでは、怒りはどうやら猛烈を極めていたようである。一七三六年にダミアーノ・ロマーノが十二表法にかんするヴィーコのテーゼに反論をくわえた本『ローマにやってきたギリシアの法律の歴史的擁護――ジョヴァン・バッティスタ・ヴィーコ氏の新しい見解に反対する』を公刊したときには、ロマーノ自身が語っているところによると、ヴィーコはロマーノのことを《いとも学識ある》とか《いとも著名な》といったような尊敬語を冠してあつかいながらも、《その本に噛みついてページを歯で粉々にしてしまい、そこに居合わせただれをも恐怖で震撼させた》という。《わたしのような若造が彼と張り合おうとした》ことに底知れぬ悪意を見てとったらしい、というのだった[55]。

しかしまた、怒りを爆発させたあとでは、ヴィーコはふたたび深甚な失意の底へと落ちこんでいくのであった。あるソネットのなかで、ヴィーコは自分自身を《他人の不正な憎しみがしばしば作り出す》運命に押しつぶされてしまった人間というように描いている。そして、その結果、世間の人々との交際から身を退いて自分一人だけで生きていこうと思い立つまでになった、と語っている。もっとも、そのような休眠状態から時として暫時目覚めさせられることはある。しかし、

それからわたしはふたたびわたし自身のうちに引きこもる。そして
心労に耐えきれなくなって元の場所に戻ろうとする。
わたしの過ちのためではなく、わたしのことでわたしは悩まねばならないのだ[56]。

7

それでも、かくも多くの苦痛と災難と幻滅のあいだにあって、頻繁におとずれては彼の人生を暗いヴェールで覆う悲しみのさなかにあって、ヴィーコは人間の至上の幸福のひとつを味わっていた。《情念から解き放たれた純粋の省察に生きる》という幸福がそれである。なぜなら、《そのときには、人間は身体の高ぶりに振り回されることなく真に独りで生きることができる》からである。それはまた自分をしかと保持している生活でもある。というのも、《それは、自分の存在がすべての時間の尺度である永遠なもののうちに根ざしており、すべての有限な事物を包みこんでいる無限なもののうちに伸び拡がっていることを明らかにしてくれる用意のできた、つねに現在する心と一体となっているからである。また、それは永遠の計り知れない喜びでもって彼を満たすのであり、一定の場所のなかに妬み深く制限されることもなければ、一定の時間のなかに貪欲に制限されることもない。そして、競争の煩わしさも精力を減衰させる怖れもなしにますます多くの人々の知性のなかに伝達され普及していきさえしたなら、もっぱら自分自身のなかで成長を遂げていくことができるにちがいないのである》（アンジェラ・チミーニの死を悼んだ演説（一七二七年）[57]。達成された真理については、それをいっそう洗練されたものにする努力はつねに続けていたものの、彼はけっして疑うことをしなかった。『普遍法の単一の原理と単一の目的』のなかで提示された体系の上に彼の知性は《満足して安らいでいた》と彼は〔一七二〇年七月一四日付けジャッコ神父宛て書簡のなかで〕述べている[58]。彼がこんなにも辛酸をなめさせられてきた労苦や苦痛すらもが、彼にとっては貴重なものであった。というのも、それらの労苦と苦痛をつうじて彼は自身のもろもろの発見へと到り着いたからである。〔『新しい学』の初版が出た直後の一七二五年一二月一五日にロレンツォ・オルシーニ枢機卿に宛てた書簡のなかで〕ヴィーコは述べている。《わたしの運命に敵対され、重要な意義をもつかずかずの新しい発見をこころみてこられた才能ある方々の不幸な行為によって抑えこまれるなかで、この論点をめぐっての省察にわたしの費やした優に二十五年におよぶ歳月をわたしは祝福したいと思います》と[59]。じっさいにも、それらの労苦、それらの苦痛、それらの妨害をどうしてまた祝福しえないわけがあっただろうか。もしそのたびに彼の知性が経験的人間の情念の渦と実践的人間の闘争を超越したところにまで高まって、自分でしかけてきたものと被ってきたもの双方の不可避の必然性を彼に示してみせたのであってみればである。そして双方の必然性が唯一不可分の必然性を構成するようなふうに融合していたのであってみればである。

　したがって、彼の哲学的理論そのものが、彼にとっては病を治療するための薬となっていたのだった。そして彼の精神のなかにあって解放のカタルシスを促進していたのだった。内在的な摂理の理念、あるいはのちにこうも言われるようになったように、歴史的必然性の理念を中心に据えた、その理論がである。《つねに摂理が称讃されますように！　死すべき運命にある者たちの弱視の目には摂理は厳しい審判以外のなにものでもないように映じましょうとも、そのときこそ、それはこれまで以上に至上の慈悲をもって働いているのです。それと申しますのも、この摂理の働きのおかげで、わたしは新しい人間を身にまとっているように感じるからであります。そして、わたしの不運をこれ以上嘆き、そのような不運を引き起こしてきた学芸界の堕落した風潮をこれ以上ののしる動機がおのずと消え失せていくような感じを味わうからであります。また、それと申しますのも、この風潮、この不運こそが、わたしにこの著作を書き進める勇気をあたえ、この著作を完成させるのを手助けしてくれたからであります。それどころか、実際にはそうではないのかもしれませんが、そうであってくれればうれしいことなのですが、この著作はわたしをある種の英雄的精神のようなもので満たしてくれたのでした。そのため、もはや死の怖れもなんらわたしの心を乱すことはありません。そしてもはや競争相手たちの語ることをいちいち気にかけることもなくなっています。最後に、神の審判はわたしをあたかもダイヤモンドの岩の頂きに立っているかのようにしっかりと確立してくださいました。神の審判は創造的な著作にたいしては賢明な方々の評価でもって報いてくださるものなのです。

もっとも、そのような賢明な方々はいつどこでもごくわずかしかいらっしゃいません。……その方々は、このうえなく高い理解力とすべてみずからの力で獲得なさった学識を具えておられます。また、寛大で高潔な心をもっておられます。そして不滅の著作でもって学芸共和国を富ませることだけを心がけておられるのです》〔一七二五年一一月二五日付けジャッコ神父宛て書簡〕[60]。

摂理は彼の人生のなかで起こったことや現に起こっていることとすべての必然性を彼に示してみせたのであった。そして諦観を彼に教えこむことによって、彼に栄光を約束したのである。

8

こうして怒りっぽい人間がついには寛容な人間になった。ただし、その寛容、その寛大さは、通俗的な意味での寛容主義と混同してはならない。彼は大学での昇進を希望し、大学に向けて彼の初期の諸著作を書いていたのだったが、その大学は彼についてなにひとつ知ろうとはしなかった。そこで彼はすっかり自分自身のなかに引きこもってしまって『新しい学』を考案するにいたったのだった。したがいまして——と彼はなおもいくぶんかは苦味が感じとられる微笑みを浮かべながら〔いま引いたジャッコ神父宛て書簡のなかで〕述べている——、このわたしの著作をわたしは大学に負っているのです、と。大学はわたしには法学の講座を担当する能力がないものと判断し、わたしが《法規の項目を一字一句順を追って論じる仕事に専念する》ことを望まずに、この著作を考案する自由な時間をあたえてくださった。《このことほど大学に感謝すべきことはありましょうか》というわけなのであった。[61]

ヴィーコの友人のひとりであったフィレンツェ人のロベルト・ルイージ・ソステーニがヴィーコに宛てたソネットのなかで、自分の偉大な息子を無視してほとんど顧みることをしないナポリという都市を非難する言葉を漏らしたことがあった。すると、ヴィーコはこれへの応答のなかで、自分の生まれた土地ナポリを高貴な言葉でもって正当化している。ナポリが彼に辛くあたったのは、彼から多くを期待し、彼から多くを獲得しようとしたからにほかならないというのだった。

　厳しい母が息子を胸に抱きしめないのは
息子が無名で身分の卑しい人間になってしまわないようにするためである。
だが、厳かな顔つきを保ちながらも、彼女は息子をじっと見つめて彼の声に耳を傾けているのだ。[62]

このような精神状態のなかから『自伝』は生まれたのだった。ところが、このヴィーコの『自伝』にたいしてジュゼッペ・フェッラーリは誤った判断をくだし、その意義をまったく誤解してしまった。そして、そこには目的論が支配していると言って非難し、ヴィーコの生涯についての《心理学的》説明が欠如しているのに不満を表明するのだった[63]。まるでヴィーコ自身がそれを《哲学者として》書いたと公言しなかったとでもいうかのようにである[64]！　そして哲学者の生涯を哲学者として書くとは、その哲学者の思想の客観的な必然性を理解し、著者がそれを思考していた瞬間には著者にも完全には明確でなかったところにもその歯形を見つけ出すということでなくて、いったいなんなのであろうか。ヴィーコは彼の生涯を《自然的ならびに精神的な原因と運命のもたらした機会原因とにおいて省察した。また、幼少のころから彼がある種の学問にたいして他の種類の学問にたいしてよりも強く抱いていた好み、あるいは反撥という生得の傾向という観点からも省察してみた。彼の進歩が達成されたり遅らせられたりすることの原因となった好機や逆境について振り返るなかで省察した。そして最後には、彼のいくつかの正しい判断に向けての努力についても省察した。これらの判断はやがて彼の最終的な著作である『新しい学』を書きあげるうえで土台となったもろもろの省察を産み出すこととなる。そして『新しい学』という著作は彼の学者としての生涯がこのようであるべきであったのであって、これ以外ではありえなかったことを証明してくれるのである[65]》。

要するに、ヴィーコの『自伝』は『新しい学』を著者の伝記に、つまりは自分自身の個人的な生涯の経過に応用したものにほかならないのである。そして、その方法はたしかに独創的なものではあるが、しかしまた独創的であるのに劣らず正当で真実のものでもあったのである。つぎにヴィーコが彼の任務を部分的にしか果たすことに成功しなかったこと、すなわち、今日の批評家や歴史家がなしえているようには、そして将来の批評家や歴史家がさらによくなしうるようには、自分自身についての批評と歴史を作り出すことができないでいたということは、あまりにも自明のことであって、あえて強調するまでもない。

『自伝』自体もまた、著者自身の前に立ちはだかったさまざまな障壁を祝福し、摂理の存在を承認し、名声と栄光がもたらされることへの確信を表明して結ばれている。

9

晩年のヴィーコは老齢と家内での心配事と病とに苦しめられて、《学問研究をまったく断念してしまった[66]》。

わたしのペンはわたしの麻痺した手から滑り落ち
わたしの思索の宝庫は閉ざされてしまった(67)

ヴィーコは、一七三五年に作ったソネットの、涙でいっぱいになった二行の詩句のなかでこのように叫んでいる。

当時ヴィーコは再版の機会がおとずれるのを期して、『新しい学』第二版〔一七三〇年版〕への追加と訂正を準備し、それを著作の最終稿のなかに組み入れる作業を進めていた。また、何年も前に書かれ、その後紛失してしまっていた小冊子『生体の均衡について』を出版しようと考えたこともあったようである(68)。さらには、一七三八年にはブルボン家の国王シャルルの婚姻を祝う演説を作成したりして、職務も果たしていた。しかし、すでに一七三六年または一七三七年には息子が大学での講義を父親に代わっておこない始めていた。そして一七四一年一月には最終的に父親が引退した雄弁術の講座を引き継いでいる(69)。

引退後のヴィーコは、彼の家族に囲まれて、自分が戦ってきたかずかずの戦闘のことを思い出しながら、また果たすべき義務は果たしたという意識に支えられながら、年老いて退役した兵士のように生活していた。優しい息子は毎日何時間かを彼のために割いて、彼がかつて愛読し研究したラテン語の古典を読んで聞かせるのだった。そして、この人生の黄昏時に、彼は少なくとも苦悩のなかの苦悩を味わわずに済んだのだった。彼よりもはるかに幸運であった哲学者、イマヌエル・カントがその晩年に彼の哲学体系をなんとしてでも完成させたいと切望して、彼の手を逃れていく思索ともはや彼に従おうとはしない言葉との不毛な闘いで身をすり減らしてしまったようなことはしないで済んだのである。ヴィーコは言うべきことはすべて言い尽くしていた。そして、自分自身の生涯についての偉大な歴史家として、摂理が彼のなかで彼の仕事を終わらせた瞬間、あんなにも長い期間にわたってあんなにも広く彼に開け放たれていた思索の宝庫を閉じ、彼にペンを擱くよう命じた瞬間をよく知っていたのだった。[70]

（1） この問題の全容については、Benedetto Croce, *Bibliografia vichiana* (Napoli, Giannini, 1904), pp. 91-95 を見られたい。

（2） Domenico Confuorto, *Giornali* (mss. nella Biblioteca della Società storica napoletana, XX, C. 22, vol. III, f. 111) の「一六九二年八月」の項には、つぎのような記載が見られる。《聖庁裁判所のサン・ドメニコ監獄には何人かの市民が収監されていた。彼らのなかにはジャチント・デ・クリストファロ氏がいた。ベルナルド・デ・クリストファロ氏の子息である。また、彼ら以外にも、霊魂は肉体とともに死滅するというように考えるエピクロス主義者ないし無神論者のセクトに追随する者たちが数多く逃亡した》。ジャチント・デ・クリストファロ〔一六五〇—一七三〇〕はナポリの有名な数学者兼法律家である (cf. F. Amodeo, *Vita matematica napoletana*, parte III [Napoli, Giannini, 1905], pp. 31-34)。また、ヴィーコの友人であった。当時のナポリの「エピクロス主義者」にかんする他の情報は、Giosuè Carducci, *Opere* (Bologna, Zanichelli, 1908), vol. II, pp. 235-36 にも出てくる。

(3) 一七二〇年一〇月一二日付け書簡。

(4) 同右。

(5) 『自伝』——Giambattista Vico, *Opere*, ed. Ferrari (Seconda ed.: Milano, Società tipografica de' classici italiani, 1853), IV, p. 367.〔西本晃二訳『ヴィーコ自叙伝』(みすず書房、一九九一年)、七二ページ〕

(6) 「ことがら〔主題〕そのもの」。つまりは「信仰上の異議」ではないということである。信仰上の異議を唱えることは、彼には個人の人格を侮辱するもののように思われたのだった。「『イタリア文人雑誌』第八巻第一〇論文への答弁」——Vico, *Opere* cit., II, p. 160.

(7) Vico, *Opere* cit., VI, p. 20.

(8) 『自伝』——Vico, *Opere* cit., IV, p. 394.〔西本訳、前掲、一〇三—一〇四ページ〕

(9) 一七二九年一二月四日付け書簡——Vico, *Opere* cit., VI, p. 32.

(10) 『自伝』——Vico, *Opere* cit., IV, p. 366.〔西本訳、前掲、七〇ページ〕

(11) Vico, *Opere* cit., I, pp. 367, 368.

(12) Vico, *Opere* cit., VI, p. 9.

(13) 多くの者たちは《自分の腸で馬車を牽いていた》と彼は言っていた——Benedetto Croce, *Supplemento alla Bibliografia vichiana* (Napoli, Giannini, 1907), p. 10.

(14) Vico, *Opere* cit., VI, p. 95.

(15) Croce, *Bibliografia vichiana* cit., pp. 27-28.

(16) 『自伝』——Vico, *Opere* cit., IV, p. 349.〔西本訳、前掲、四四ページ〕

（17）『自伝』へのヴィッラローザ侯爵の追記――Vico, *Opere* cit., IV, p. 420.〔福鎌忠恕訳『ヴィーコ自叙伝』（法政大学出版局、一九九〇年）、三二七ページ〕

（18）Vico, *Opere* cit., VI, p. 235.

（19）『自伝』――Vico, *Opere* cit., IV, p. 366.〔西本訳、前掲、七〇ページ〕

（20）Croce, *Bibliografia vichiana* cit., p. 87.

（21）Croce, *Bibliografia vichiana* cit., p. 82.

（22）Vico, *Opere* cit., VI, p. 93.

（23）Vico, *Opere* cit., VI, p. 5.

（24）Vico, *Opere* cit., II, p. 123.

（25）Vico, *Opere* cit., V, p. 50 nota.

（26）Vico, *Opere* cit., II, p. 123.

（27）Vico, *Opere* cit., II, p. 148.

（28）なかでも、一七二五年一〇月一八日付けチェレスティーノ・ガリアーニ宛て書簡を参照――この書簡はCroce, *Bibliografia vichiana* cit., pp. 97-98に公表されている。また、それの自筆原稿はわたしが所蔵している〔ガリアーニ宛て書簡には該当する記述は見られない。一七二五年一〇月二五日付けベルナルド・マリーア・ジャッコ宛て書簡と取り違えたものと推定される――上村〕。

（29）「『イタリア文人雑誌』第八巻第一〇論文への答弁」――Vico, *Opere* cit., II, passim.

（30）Vico, *Opere* cit., V, p. 10.

（31）Niccolò Tommaseo, “G. B. Vico e il suo secolo,” in: *La storia civile nella letteraria*（Torino, Loescher, 1872）, p. 104.――Ibid., pp. 9-10 における著述家ヴィーコにかんする判断も参照のこと。

(32) Vico, *Opere* cit., IV, pp. 333-34; VI, pp. 41, 140.

(33) Croce, *Bibliografia vichiana* cit., p. 87.

(34) 『自伝』――Vico, *Opere* cit., IV, p. 385.〔西本訳、前掲、八七ページ〕

(35) 一七二五年一一月〔正しくは一〇月――上村〕二五日付けジャッコ宛て書簡――Vico, *Opere* cit., VI, p. 28.

(36) Croce, *Bibliografia vichiana* cit., p. 40.

(37) Vico, *Opere* cit., VI, p. 20.

(38) Croce, *Bibliografia vichiana* cit., p. 26.

(39) Croce, *Bibliografia vichiana* cit., p. 87.

(40) Croce, *Bibliografia vichiana* cit., p. 86.『自伝』も参照のこと――Vico, *Opere* cit., IV, p. 416.

(41) 『自伝』――Vico, *Opere* cit., IV, p. 416.〔西本訳、前掲、一四五ページ〕

(42) これらの碑文はわたしによって *Napoli nobilissima*, XIII (1904), f. 1 に公表されている。さらには、Benedetto Croce, *Secondo supplemento alla Bibliografia vichiana* (Napoli, Giannini, 1907), pp. 70-72 にも収録されている。

(43) Vico, *Opere* cit., VI, pp. 17-18, 105-07, 10-17.〔「フランチェスコ」宛て一七二九年一月一二日付けの書簡をジュゼッペ・フェッラーリはフランチェスコ・ソッラ宛て書簡と同定しているが、実際にはローマ在住のスペイン人イエズス会士フランチェスコ・サヴェリオ・エステバン宛て書簡であったことが、その後ファウスト・ニコリーニによって明らかにされた〕

(44) Vico, *Opere* cit., VI, p. 110.

(45) Croce, *Bibliografia vichiana* cit., pp. 103-05.

(46) Giambattista Vico, *Opuscoli*, ed. Villarosa (Napoli, Porcelli, 1818), II, p. 277.

(47) Vico, *Opere* cit., VI, p. 145.

(48) Croce, *Bibliografia vichiana* cit., p. 105.

(49) Croce, *Bibliografia vichiana* cit., p. 107.

(50) Croce, *Bibliografia vichiana* cit., pp. 87-88.

(51) Croce, *Bibliografia vichiana* cit., p. 44.

(52) 『自伝』――Vico, *Opere* cit., IV, p. 416.〔西本訳、前掲、一四四ページ〕Croce, *Bibliografia vichiana* cit., p. 89 に収録されている弟子の証言も見られたい。

(53) Vico, *Opere* cit., VI, p. 254.

(54) 『自伝』――Vico, *Opere* cit., IV, p. 416.〔西本訳、前掲、一四四ページ〕

(55) Croce, *Bibliografia vichiana* cit., p. 88.

(56) このソネットは Giovanni Gentile, *Il figlio di G. B. Vico* (Napoli, Pierro, 1905), p. 173 に収録されている。

(57) Vico, *Opere* cit., VI, p. 267.

(58) Vico, *Opere* cit., VI, p. 18.

(59) Vico, *Opere* cit., VI, pp. 153-54.

(60) Vico, *Opere* cit., VI, pp. 29-30.

(61) Vico, *Opere* cit., VI, p. 29.

(62) Vico, *Opere* cit., VI, p. 446.

(63) Vico, *Opere* cit., IV への序文を参照。

（64）『自伝』——Vico, *Opere* cit., IV, p. 402.〔西本訳、前掲、一一五ページ〕

（65）『自伝』——Vico, *Opere* cit., IV, p. 402.〔西本訳、前掲、一一五ページ〕

（66）『自伝』——Vico, *Opere* cit., IV, p. 415.〔西本訳、前掲、一四二ページ〕

（67）Vico, *Opere* cit., VI, p. 425.（ライモンド・ディ・サングロの婚姻を祝うためのソネット、一七三五年）

（68）Croce, ***Bibliografia vichiana*** cit., pp. 38-39.

（69）Gentile, ***Il figlio di G. B. Vico*** cit., pp. 30-48.

（70）この講演で利用し、わたしの ***Bibliografia vichiana*** に収録されている資料から引用した文書や情報は、現在はすべて、整理されたうえで、わたしの編集になる Giambattista Vico, ***Autobiografia, carteggio e poesie varie***（Bari, Laterza, 1911）に収められている。

第2章　ヴィーコ認識理論の第一の形態

認識にかんするヴィーコの学説の第一の形態は、デカルトの思想にたいする直接的批判ならびに反措定として提示される。デカルトの思想はそれまで半世紀以上にわたってヨーロッパ精神に一般的な指針をあたえてきたのだった。そして、さらにそれから一世紀にわたって人々の知性と精神を支配するべく運命づけられていたのである。

デカルトは完全な知識の理想を幾何学に求め、これをモデルとして哲学とそれ以外の知のあらゆる部分を改革することをめざした。幾何学的方法は分析によって直観的に把握しうる真理に到達し、つぎにここから出発して総合的演繹によって複雑性の度合いの高いさまざまな命題を順次獲得していこうとする。デカルトの考えによると、哲学もまた、学の厳密性をもって事を進めるためには、幾何学と同様、まずはあるひとつの初原的かつ直観的な真理のうちに確固とした支点を探し求めて、そこから、それに続く神学的、形而上学的、自然学的、倫理学的なすべての命題を演繹しなければならないのであった。したがって、明証性、すなわち明晰判明な知覚ないし観念こそは、至高の基準なのであった。そして直接無媒介的な推論であるコーギトー cogito〔わたしは思考する〕とスム sum〔わたしは存在する〕の直観的な結びつきが、第一真理と知識のための土台を提供するのであった。デカルトは、この明晰判明な知覚と、彼をコーギトーへと導いていった方法的懐疑とによって、懐疑主義を一挙かつ永久に葬り去ることができると論じた。だが、まさにそのために、明晰判明な知覚と幾何学的な演繹になおも還元されていないか還元不可能な知のすべては、デカルトの見るところ、価値と重要性を失うこととなってしまった。証言にもとづく歴史、いまだ数学化されていない自然誌的観察、人間の心についての経験的な認識を利用する実践的知恵と雄弁、架空のイメージを提供する詩などがそれである。これらの精神的産物は、デカルトにとっては、知というよりはむしろ幻想であり混濁した形像であった。つまり、明晰判明なものになってそれまで身にまとっていた存在形式を脱ぎ捨てるか、哲学者が注目するに値しない惨めな存在を引きずったままでいるかのどちらかでしかありえない、混乱した観念なのであった。太陽の光のごとき数学的方法は、暗闇のなかでの導きともなるがしばしば人を惑わせる陰影をも投げかける小さな松明のかずかずを余計なものにしてしまうのだった。

　さてヴィーコは、他のデカルトの敵たちのように、宗教的な信仰にとって危険なものとなりかねない主観的な方法のもろもろの帰結にたいして憤慨したり、「コーギトー・エルゴ・スム〔わたしは思考している、ゆえにわたしは存在する〕」ははたして三段論法であるのかどうか、三段論法であるとしてそこには欠陥がないかどうか、といったスコラ学者風の論議をしたり、あるいはまた、歴史、弁論、詩などをデカルトが軽蔑しているのを目のあたりにして良識を傷つけられたと怒って抗議したりするにとどまらなかった。彼は、まっすぐに問題の核心、すなわち、デカルトが学的認識の真理のために確立した基準である明証性の原理そのものに向かう。そして、デカルトがもっとも厳密な学のために要求されうるもののすべてを提供したと考えたその場所で、ヴィーコは、デカルトが充足しようと意図している要請からして、実際には彼が推奨している方法によっては得られるものはごくわずかであること、いや、皆無であることを見てとるのである。

　ヴィーコは言う――この明晰判明な観念による知識は、なんと立派な知識であることか！　わたしが思考しているものをわたしは思考しているというのは、たしかに、まったく疑いの余地がない。が、それが学的認識の名に値する命題であるとはわたしにはとても思えない。およそ観念というものは、たとえ誤った観念であっても、明証的なものとして立ち現われうる。そして、わたしには明証的であると思われるからといって、知識ないし学的認識としての力を獲得するわけではない。「思考しているのなら、存在してもいるのだ」というのは、古代ローマの劇作家プラウトゥスの喜劇〔『アンフィトルオ』〕に登場する下僕のソシアでさえがよく知っていたことであった。ソシアは、デカルト哲学で用いられるのとほとんど同じ言葉を使って、《でもこうして思案しているのはおれなんだから、たしかにおれは存在するんだ》と述べて自分を得心させていたのだった。だが、懐疑論者はソシアやデカルトのような人物にたいして、思考しているということは自分も疑ってはいない、と答えるだろう。それどころか、その存在に気づいていると自分に見えるものは確実なものであると断言し、このことをあらんかぎりの詭弁を弄して主張するだろう。さらには、自分が存在していることを疑っているわけではなく、それどころか、他人の意見に賛同するのを留保することによって、物事自体の難儀さに人々の臆見から生じる別の難儀さを付加することのないよう、立派に存在することを心がけているのだ、と言うだろう。だが、このように主張しながらも、その彼の思考や彼の存在の確実性は知識scientia ではなくて意識 conscientia であるということ、それもだれもが普通にもっているありふれた意識であるということを同時に主張するだろう。明晰判明な知覚はおよそ知識と呼べるようなものではない。じっさいにも、デカルト哲学が一世を風靡するようになった結果、それが自然学に採用されるようになってからも、自然の事物の認識はいっこうに確実なものにはならなかった。デカルトは、だれもが普通にもっているありふれた意識を知識へ高めようとして、ひとつの跳躍をくわだてた。しかも、彼の渇望してやまない知識には到達することができずに、そのままふたたびその意識のなかへ墜落してしまったのだった[1]。

だが、学的な真理はたしかに直接無媒介的な意識のうちには存在しないのであってみれば、それはいかなるもののうちに存在するのであろうか。知識はどの点においてたんなる意識と異なるのであろうか。その基準はなんであるのか。いいかえるなら、知識を可能にする条件はなんなのか。明晰性と判明性をもってしては一歩も前進できない。第一真理なるものを確定してみたところで問題は解決されないのであって、問題は第一真理にかんするものではなくて、その真理が学的な真理、すなわち真の真理として認められうるために所有していなければならない形式にかんするものなのである。

ヴィーコは、一見したところでは陳腐でいわずもがなのことであると言われうるようなあるひとつの命題に訴えることによって、この問題に答えるとともに、デカルトの立てた基準では不十分であるという彼の非難を正当化しようとする。それが陳腐なものであるということは、ヴィーコがその命題に随伴させ、あとになって彼自身が否定することとなった歴史的テーゼ、すなわち、その命題は太古のイタリア人の知恵にまでさかのぼるというテーゼに起因するものではない。そうではなくて、その命題がキリスト教思想に通有のもので、ほとんど本質的な命題であったという意味において陳腐なのである。じっさいにも、全能にして全知、天地の創造主である神への信仰を日々唱えているキリスト教徒にとって、神のみが事物についての十全な知識をもちうる、というのも、神のみが事物の製作者であるからである、という主張ほど馴染み深いものはない。ヴィーコもその主張を反復して言う。第一真理は神のうちに存在する、というのも、神が第一の製作者であるのだから、と。また、神は万物の製作者であるので、その真理は無限である、神は事物の外的要素も内的要素もすべてみずからのうちに含みもっており、それらをその真理は彼に表象してみせるので、その真理はこのうえなく厳密である、と。[2] これと同様の命題はスコラ学派、なかでもドゥンス・スコトゥスの一派とオッカムの一派のなかに広まっていたようである。またルネサンス期には、マルシリオ・フィチーノがその命題を『プラトン神学』のなかで主張していた。幾何学者の知性がみずからの内部に本来備わっているものから幾何学的図形を作りあげるのと同じようにして、神の作品である自然は理性を生き生きと働かせてみずからの内部に本来備わっているものから万有を産み出すというのだった。そしてカルダーノも、事物を作り出す神の知識こそが真の知識なのであり、人間界では幾何学だけがそのような神の知識の似像をあたえている、と繰り返していた。さらに懐疑論者のフランシスコ・サンチェスは、その『不可知論』(一五八一年)において、《自分が創造したのではないものを完全に知ることは不可能である。神でさえ、自分があらかじめ完全に知らないようなものを創造することはできないだろうし、かりに創造したとしてもそれを支配することはできないだろう。したがって、ただひとり完全な知恵、認識、理解力のみが、万物に浸透し、万物を知り、万物を認識し、万物を理解する。なぜなら、自分自身が万物であり、万物のなかにあるからであり、かつまた万物も自分自身であり、自分自身のなかにあるからである》ということを想起している。しかし、ヴィーコはこれらの主張をたんに事のついでにたまたまおこなったというにとどまらず、その命題に表明されている概念がどんなに豊かなものであるかをはじめて理解したとみえて、神の無限な能力と知恵を称讃し、それを人間の制限された能力および知恵と比較することから一歩を進める。そして、デカルトに反対して、ある事物を認識するための条件はそれを作るということであり、真なるものとは作られたものにほかならない（"verum ipsum factum"）という、普遍的な認識理論的原理をそこから引き出したのであった。

知識とは「原因によって知る（per causas scire）」ことであると主張されるときには（とヴィーコは説明している）、こういったことが言われようとしているのである。なぜなら、原因とは結果を産み出すために外的なものをなんら必要としないもののことであり、ある事物が作り出されるにあたって範型となる類（genus）あるいは様式（modus）であるからである。すなわち、原因を知っているということはその事物を結果に導く〔生み出す〕ことができるということであり、原因によって証明するというのはその事物を作ってみせるということである。いいかえるなら、それは、実践的に作られたものや作られているものを観念的にふたたび作ってみせることなのだ。認識活動と製作活動とは、あたかも神においては知性と意志とが置換されまったく一体となっているように、互いに置換されるものでなければならないのである[3]。

しかしながら、真なるものと作られたものとの連結のうちに知識の理想が確立され、そして（理想こそは真実在であるので）知識の真の性質が認識されたなら、この認識から引き出されるべき第一の帰結は、ルネサンス期のプラトン主義者や懐疑論者がそこから引き出したのと同じもの、すなわち、人間には知識は達成不可能であるということである。万物を創造したのは神であるから、神のみがそれらを原因によって知ることができる。神のみがそれらの類や様式を知っている。そして神のみがそれらについての知識をもつ。それとも、人間はみずから世界を創造したというのだろうか。みずから自分の魂を創造したというのだろうか。

人間には知識はあたえられていない。あたえられているのはたんなる意識である。意識はまさしく、それらが作られるさいの範型となる類や様式を証明することのできない事物へと向かう。意識の真理は神知の人間的側面であって、神知にたいして、あたかも表面が固体の中身にたいするような関係に立っている。それは真理というよりはむしろ確実なもの（certum）と称されるべきだろう。神には理解する能力（intelligere）があたえられているが、人間には思考する能力（cogitare）しかあたえられていない[4]。事物の諸要素を蒐集して回るものの、それらをすべて蒐集することはけっしてできないのである。神には論証的な真理があたえられている。これにたいして、人間には、論証されておらず学的認識とはいえない観察があたえられているにすぎない。ただ、それらは疑いの余地のない徴候から判断して確実なものであるか、良識から判断して蓋然的なものであるか、強力な推測の援助によって真らしく見えるか、そのいずれかである。

確実なもの、意識の真理は、知識ではない。が、そうであるからといって虚偽であるわけでもない。そこでヴィーコはデカルトの学説も虚偽とは呼ばないように気をつけている。ヴィーコが意図しているのは、あくまで、それらを完全無欠な真理から断片的な真理へ、知識から意識へと格下げすることでしかない。「わたしは思考している、ゆえにわたしは存在する」というのは虚偽であるどころではない。それはプラウトゥスのソシアの口にすら上るほどの論拠であって、排斥するのではなく、受けいれるべきものなのであるが、ただし、あくまでもたんなる意識の真理として受けいれなければならないのである。思考することはわたしが存在することの原因ではないので、わたしが存在することについての知識をそこから導き出すことはない。もし導き出すことがあったとしたなら、人間は（デカルト派の者たちも認めているように）精神と身体とでできているので、思考は身体の原因であるということになってしまうだろう。このことは、精神が身体におよぼす作用と身体が精神におよぼす作用をめぐっての論争のありとあらゆる荊棘と枝脈にわたしたちを巻きこむことになるだろう。したがって、「わたしは思考している」はわたしが存在することのたんなる徴表あるいは指標であって、それ以外のなにものでもない。明晰判明な観念は、他のものならいさ知らず、知性自身の基準とはなりえない。

というのも、知性は自分を認識するさいに自分を作っているわけではなく、自分を作っていないために、自分を認識するさいの範型となる類ないし様式を知らないからである(5)。しかし、明晰判明な観念はただそれのみが人間の精神に譲りあたえられているものであって、人間の所有しうる唯一の富としてこのうえなく貴重なものである。ヴィーコにとってもまた、形而上学は人間の知識のなかで第一位の地位を占めており、他の知識はすべてそこから派生するものと理解されている。ただ、デカルトの場合には、それは幾何学的方法に匹敵するような確固とした証明方法にのっとって進行するのにたいして、ヴィーコの場合には、それは原因による知識ではなくて原因についての知識であるので、蓋然的なもので満足しなければならないのだった。そしてじっさいにも形而上学は、その良き時代、古代ギリシアやルネサンスのイタリアにおいては、蓋然的なもので満足していた。ところが、蓋然性を放棄しようと欲して、「賢者はなんらの臆見ももたない」というきらびやかな格言の煙でもって頭を充満させたとたん、動揺し堕落しはじめたのだった。神が存在するというのは確実なことである。しかし、それは学的に証明できるものではない。神を証明しようというあらゆるこころみは、敬虔の証しではなくて、むしろ不敬虔の証しであるとみなされるべきである。というのも、神を証明するためには神を作り出さなければならないだろう。が、そのときには、人間が神の創造主であるということになってしまうからである。同様にまた、神がわたしたちに啓示したものはすべて真であると考えなくてはならない。が、それがどのような仕方で真であるのかと問うてはならない。それを把握することはわたしたちの能力を超えている。人間の知識は神によって啓示された真理と神が存在するという意識とにもとづいているのであって、そこにそれらの真理の規範を見いだす。しかし、その根底をなしているもの自体はあくまでも意識の真理であって、知識の真理ではないのだ。(6)

ヴィーコは、デカルトが偏愛して研鑽に励んだ形而上学、神学、自然学などの知識の地位を低下させた一方で、デカルトが低下させた知の諸形態の地位をふたたび向上させようとした。歴史、自然誌的観察、人間と社会にかんする経験的認識、雄弁、そして詩がそれである。あるいは、より適切な言い方をするなら、それらの権利を要求するためには、それらの地位をふたたび向上させるまでもなかった。幾何学的方法によって導かれた哲学の傲慢な真理自体も蓋然性にまで引き下げられ、たんなる意識としての価値しかもたないことが証明された以上、そのことによって、知の他の諸形態の復讐はもののみごとに達成されたのだった。というのも、いまやすべての知の形態は同じ高さ、あるいは同じ低さに平準化されることとなったからである。理性的推論にではなく権威に基礎づけられているという理由で、相手を知識の名に値しないとして排斥しようとする、完全な知識という理念は、人間の知識の場合には幻想であることが明らかとなる。自分のであろうと他人のであろうと観察や信念のもつ権威、世間一般の通念、伝統、人類の意識などが、それらがつねに負ってきた任務、そしてデカルトその人においても負っていた任務において復興される。デカルトは（よくあることであるが）自分が大量に所有していてふんだんに利用してきたものを軽蔑した。そして、いとも学識豊かな人間でありながら、あたかも食物で養われてきた者がすでに自分の血管を流れる血となっている食物を驕慢にも軽蔑する言辞を弄することがあるように、学説と博識の信用を失墜させてしまった。権威にたいするデカルトの論争は、いくつかの点では有益であることが証明された。なにがなんでもつねに権威にしがみついたままでいようとする、あまりにも卑しい隷属的態度に揺さぶりをかけたからである。しかし、自分の個人的判断だけを通用させようというのは、すなわち知を自分の個人的意識にもとづいて頭のてっぺんから足の爪先まで徹底的に作り変えるのだと言いつのり、あげくは（マルブランシュがそうしたように）古代の哲学者や詩人が一人残らず火刑に処せられるのを見たいと願い、アダムの裸の状態にまで立ち戻ろうなどというのは、狂気の沙汰である。あるいは少なくとも行き過ぎであって、こうした行き過ぎは避けて正しい中庸へと立ち戻るのが適当なのである。そして正しい中庸とは、自分の判断に、しかしながら権威にもなにほどかの顧慮を払いつつ従うということにほかならない。すなわち、信仰を、信仰によって範囲を限定され信仰そのものに役立つような批判と、カトリック的に結びつけるということである。人間の知識がもつ、たんに蓋然的であるという消しがたい性格に見合ったかたちにおいて、そ

して、各人の内的精神を信仰すべきことどもの神聖な尺度とする宗教改革の方針とは敵対するようなかたちにおいてである。(7)

　他方、ヴィーコがルネサンス期の彼の先達たちと同様、それに特権的な地位を認めていたようにみえる、すなわち、意識ではなくて正真正銘の知識であり、確実性ではなくて真理であると認めていたようにみえる、一群のデカルト的な知識がある。数学の提供する認識がそれである。これらこそは、ヴィーコによると、人間が神知のそれとまったく同一の仕方で所有している唯一の認識、すなわち完全で論証的な認識なのであった。しかしまた、それらが完全で論証的な認識であるのは、デカルトがそうと思いこんでいたようにそれらが明証的であるからではない。明証性は、自然の事象や実践的なことがらにおいて使用された場合には、数学におけるのと同じだけの力のある真理をもたらすことはない。また数学もそれ自体として明証的であるわけではない。一体全体、どのような明晰判明な観念でもって線が部分をもたない点から成り立っているということを思い描くことができるというのだろう。しかしまた、分割不可能な点なるものは実在する事物のなかでは思い描くことができなくても、定義することなら可能である。一定の名辞を定義することによって人間は数学を構成する要素をみずから創造し、公準〔要請〕によってそれらを無限にまで運んでいき、公理によっていくつかの永遠の真理を確立する。そして、この無限と永遠性を規範としてそれらの要素を配列することによって、人間は彼、が教示するところの真なるものを作る。だから、数学の力は、デカルト的な基準からではなく、まさしくヴィーコの言明する基準から生じる。明証性からではなく、認識することと作ることとの置換性から生じるのである。《わたしたちが数学を証明するのは、その真理をわたしたちが作っているからである》。人間は一を採用してそれを数多化し、点を採用してそれを図形化する。そして自分で製作したものであるがゆえに完全に知っている数と大きさの世界を創造する。数学は製作的な学である。それも問題を立てる場合だけでなく、一般には純粋な観想によるものと考えられている定理を立てる場合においてさえ、そうなのである。このような理由からして、数学から原因の概念を排除するもうひとつの通俗的見解に反して、数学もまた原因によって証明をおこなっているのである。それどころか、人間の知識のうちで、ほんとうに原因によって証明をおこなっている唯一の知識なのである。それらの提示する驚嘆すべき真理はいま述べたような手続きからやってくる。そして幾何学的方法の秘密はすべてつぎの点にある。すなわち、まずは名辞を定義する、いいかえるなら、推論をおこなうさいに用いられる概念を作る。つぎには、推論をおこなう者同士が意見の一致を見るようないくつかの共通の原則を確立する。最後に、もし必要なら、推論の演繹を可能にするためにはことがらの本性からしてなにがゆるされるのかを問い――推論はなんらかの仮説を立てることなしには目的に達しえないだろう――、これらの原理にのっとって、論証されたもっとも単純な真理から順次もっとも複雑な真理へと進んでいく。そして、もっとも複雑な真理を構成しているもろもろの部分をまえもってひとつひとつ検証することをしないでそれらの真理を肯定するようなことはしない、というのがそれである[8]。

ヴィーコは数学の価値にかんしてはデカルトとまったく一致しており、ただその価値の基礎づけ方においてのみ異なっているのだと言えるのかもしれない。そして、ヴィーコの基礎づけのほうがより深いものとみなされるべきであるとするなら、そのときにはデカルトが知識に貼付していた数学的理想はそれだけいっそう強められ称揚されたことになるだろう。もし人間精神が到達できる唯一の完全な認識が数学的な認識であるのなら、その他の認識は数学的認識に支えられ、数学的認識を尺度として形成されたり判断されたりする必要があるというのは、明らかなことである。要するに、ヴィーコのそもそもの動機はデカルトの非を咎めることにあったのであり、デカルトがそんなものがあるとは思ってもいなかった、より優れた根拠をデカルトに確保してやったのだ、と言えるのかもしれないのである。だが、一見したかぎりではそうみえるかもしれないにしても（そして解釈者の何人かはそう考えているが）、よく注意して観察してみるなら、ヴィーコが数学に帰属させている大いなる完全性は、実在的なものというよりは見せかけだけのものであることがわかる。ヴィーコがほめそやしている数学の手続きの堅実さは、彼自身も告白しているように、実在性を犠牲にして得られたものなのだ。要するに、彼の理論の強調点は数学の真理性にではなく、むしろそれらの任意性に置かれているのである。そして、このように任意性を強調する点において、ヴィーコはさきに言及したルネサンス期の哲学者たちだけではなくガリレオとその学派とも異なっているのである。

　人間は（とヴィーコは言う）事物の本性を探究しにおもむくが、事物を構成している要素を自分自身のうちにもっておらず、それどころか、それらの要素はすべて自分の外にあるために、どのようにしてもその本性に到達することはできないということに気がつく。そこで徐々に自分の知性のこのような欠陥そのものを利用することへと導かれていく。そして、抽象によって（いうまでもなく、それは物質的な事物におよぼされる抽象ではない。というのも、ヴィーコは数学に経験的な起源をあたえていないからである。そうではなくて、いまの場合の抽象は形而上学的存在者におよぼされる抽象である）、二つのものをみずからに作り出してみせる（duo sibi confingit）。図形化しうる点と、数多化しうる一である。これらは二つとも仮構されたもの（fictum）である。図形化された点はもはや点ではなく、数多化された一はもはや一ではないからである。ついで、これらの仮構されたものから、自分の思うままに（proprio iure）、無限へと進んでいこうとする。線は測りえないところまで延長することができるし、一は数えきれないところまで数多化しうるからである。このようにして人間は、自分で用いるために、いっさいを自分の内部に包蔵している形と数の世界を建設するのである。そして線を延長したり切断したり結びつけたりすることによって、あるいは、数を加えたり引いたり計算したりすることによって、無限の作品を作り、無限の真理を認識するのである。事物を定義することはできないので、名前を定義する。実在する諸要素をつかみとることはできないので、想像上の諸要素で満足し、それらからなんらの反対をも許容しないような観念が生起することを狙う。神に倣って（ad Dei instar）、なんらの物質的な基盤もないところから、そしてほとんど無から、点、線、面を創造する。点は部分をもたないもの、線は点を延長したもの、すなわち、広がりと深さを欠く長さ、面は一点での二つの異なる線の交わり、すなわち、深さを欠く長さと広さであると仮設される。このようにして数学は、事物をつねに自分の外部にもっていて、知りたいと思う事物を作り出してはいないという、人間の知識の欠陥を補う。数学は自分が知っているものを作るのであり、自分自身のうちにそれらの要素を含みもっている。それゆえ、それは神の知識の完全な似姿となって立ち現われているのである（scientiae divinae similes evadunt）[9]。

　数学的な手続きについてのヴィーコのこれらや他の類似する記述や讃辞を読む者は、ヴィーコ自身による意図的なものではないにしても、たしかに事柄そのものに由来する皮肉の影のようなものが萌しているのに気づくのではないだろうか。したがって、数学のまばゆいばかりの真理は真理に絶望することから生まれているのである。その恐るべき力は無力が承認されてはじめて生まれるのだ！　数学者と神との類似性は、ある作品の模造者と原作者との類似性とさほど違わない。実在の世界においては神であるところのものが、大きさと数の世界においてはたしかに人間である。しかしながら、その大きさと数の世界の住人は抽象と仮構されたものたちなのだ。人間にさずけられた神性は、ほとんど、茶番の神性である。

　ヴィーコが数学に異なった起源を指定した結果、その効力もまたきわめて制限されたものとなった。数学はもはやデカルトにとってそうであったように人知の頂点に位置するもの、下位にある学を救済し支配するべく運命づけられたアリストテレス的な学ではなくなる。そうではなくて、独自のものであるとはいえ、他のさまざまな学と同様に制限されたひとつの領域を占めるにすぎず、その外に出ようとしようものなら、一瞬にして、その驚嘆すべき力をことごとく失ってしまうのである。

　数学のもっている権能は、前後から、すなわち、数学を基礎づけるものと、今度は数学が基礎づけることのできるものとにおいて、障碍に直面する。数学を基礎づけるものにおいて障碍に直面するというのは、数学はその諸要素、すなわち、最初に設定されるべき仮構されたものを創造するが、その仮構されたものが切り取られてくる布地そのものを創造はしないのであり、この布地は他の諸科学の場合と同様、数学の場合にも、形而上学が供給するのであるが、形而上学は数学に真の基体をあたえることはできないので、それについてのいくつかの模像をあたえるにすぎないからである。形而上学から幾何学は点をとってくるが、それは点を図形化するためでしかない（すなわち、点としての点を無化してしまうためでしかない）。また、算術は一をとってくるが、それは一を数多化するためでしかない（すなわち、一としての一を破壊してしまうためでしかない）。そして、形而上学的な真理というものは、意識にとってはどれほど確実なものにみえようとも、証明できるものではないのだから、数学もまた、究極的には、権威と蓋然的なものとに依拠していることになるのである。このことは、形而上学についてこころみられるあらゆる数学的論述の虚偽を露わにするのに十分である。ヴィーコはどうやら幾何学と形而上学のあいだに一種の循環を認めているようである。幾何学はその真理を形而上学から受けとり、それを受けとるやいなや、それを形而上学そのもののなかにふたたび溶かしこむ。こうして人間の知識と神の知識とを互いに確固たるものにしようとしているようなのだ。だが、このような考え方は（おおいに異論があるどころか、首尾一貫せず、矛盾を来たしていると言ってさしつかえないものであって）、ピュタゴラスやその他の古代の哲学者やルネサンス期の哲学者が数学についておこなっていた形而上学的使用、あるいはむしろ詩的象徴的な使用のことを想い起こさせるものである。そして、デカルト派のように哲学を数学的に論じることとはなんの関係もない。ヴィーコの判断によると、幾何学は形而上学から自然学への移行を可能にする唯一の仮説であるとのことである。しかし、このように受けとめた場合でも、幾何学はあくまでもひとつの仮説、つまりは蓋然的なもの、信仰と批判、想像と理性的推論の中間物にとどまるだろう。ヴィーコの認識理論の第一形態における見解に従うなら、形而上学、そして総じて人間の知識も、つねにそのような中間物にとどまるのである。

　数学は、形而上学を基礎づけず、むしろそれから派生するものであるのと同様、派生の系列としてはみずからに後続する他の諸科学をも基礎づけることができない。数と大きさ以外のすべてのものは幾何学的方法をまったく受けつけない。自然学は証明不可能である。もしわたしたちが自然学上のことどもを証明できるとしたなら、わたしたちはそれらを作っていることになるだろう（si physica demonstrare possimus, faceremus）。だが、わたしたちはそれらを作ってはいない。だから、証明することはできないのである。[10] 数学的方法を自然学に導入したところで、なんの役にも立たない。自然学は数学的方法なしで偉大な発見をなしとげてきたのだった。そして、大きなものであれ小さなものであれ、数学的方法によってなされた発見などなかったのである。じつのところ、近代の自然学は、祖先が豊富に家具を備え付けたので、その相続人は備え付けの家具を増やす必要もなく、ただその位置を変え新しく配置することを愉しんでいればよいだけの家に似ている。[11] だから、自然学においては、数学的な指針にたいして実験的な指針を復興し支持する必要がある。フランス的な指針にたいしてイギリス的な指針を、つまりはデカルト派が数学を不用意かつ傲慢な仕方で利用しようとしたのにたいしてガリレオとその学派が実践した注意深い利用の仕方を復興し支持する必要があるのである。イギリスで数学的自然学を教授することが禁止されたのはもっともなことであった[12]。数学的な方法は、まず名辞を定義し、公理を定立し、公準を確定することによってしか進まない。しかし、自然学においては、定義しなければならないのは名辞ではなくて事物であり、そこにはなんら異論も出ないような約定は存在せず、同意しようとしない自然になんらかのものを要請することもできないのである。したがって、最善の場合でも、この数学的方法はたんなる無邪気な言葉遊びに引き戻されてしまう。そこでは自然学的観察が「定義四により」、「仮定二により」、「公理三により」といった術語を使って陳述される。そして最後はQ. e. d.〔かくのごとく証明はなされた〕という厳粛な略号でもって締めくくられる。しかし、じっさいには、そこではなんらの証明力も展開されることはなく、知性は結局、そのような騒々しい方法を耳にする以前に所有していた、自分の思いのままに意見をいだく自由のうちにとどまりつづけることとなるのである。この件にかんしてヴィーコは諷刺の利いた譬えを持ち出すのをさしひかえることができなかった。幾何学的方法は(と彼は言う)、それがその正当な権限を認められた領域のうちにとどまっているときには、作用していることが感じられることはなく、その存在が騒々しく感知されるときには、それは作用していないことのしるしである。それはあたかも、攻撃をする場合、臆病な者は大声をあげて叫び立てるだけで、相手を傷つけることができないのにたいして、勇敢な者は黙ったまま相手に致命的な一撃をくわえるようなものである。さらにはまた、幾何学的方法を称揚する者が、その方法が必要な承認を得られない事物について、「これは公理である」とか、「これは証明された」などと公言しているのは、あたかも画家が、それだけではなんの絵なのか識別できない、いまだ形をなしていない像の下に、「これは人間である」、「これはサテュロスである」、「これはライオンである」などと書きつけるのに似ている。こうして、この同じ幾何学的方法をもって、プロクロスはアリストテレス自然学の諸原理を証明してみせており、デカルトは自分の自然学の、アリストテレスのものとは正反対ではないにせよ明らかに異なる諸原理を証明してみせているが、この二人の幾何学者は、幾何学的方法の用い方を知らなかったと言わざるをえない幾何学者であったということになるのである。自然学に導入する必要があるとすれば、それは幾何学的な方法ではなくて証明であろう。しかし、これはまさしく、そこに導入することのあたわないものなのだ。いわんや、他の諸科学の場合には、ますます身体的なものに浸る度合いが高まり、ますます身体的なものになっていくので、そのような方法を導入するのは不可能である。とくに道徳的な学においてはなおさら不可能である。だから、事物を用いることができないので、代わりに名前が濫用されるということになってしまう。そして、かつてローマ皇帝ティベリウスがあまりにも尊大であるという理由で受けとることを拒んだ「ドミヌス」という称号が今日ではただの平凡きわまりない人物にさえあたえられているように、「証明」という称号も、蓋然的な論拠や、ときには明らかに虚偽の論拠にさえも適用されていて、本来なら真理に由来するものである威徳を減じるにいたったのである。[13]

数学自身にとっても、ヴィーコは、幾何学的もしくは総合的方法に代えて分析〔解析〕的方法を採用することのうちにさまざまな危険を見いだす。そして、新しい機械学がほんとうに分析の成果であるのかどうかを疑う。分析はインゲニウム、すなわち発明の能力を鈍弱にする。そして、総合的な方法が結果も過程も（tum opere tum opera）このうえなく確実であるのにたいして、分析的な方法は結果（opere）においては確実であるが過程（opera）においては不分明である。[14] 分析は、求める方程式が運がよければ見つかるのではないかと期待しながら、みずからの論拠を導き出していくが、これはまるで占いの術か、あるいは思考というよりは一種の機械であるかのようである。[15] 同様の考察にもとづいて、ヴィーコは、多少なりとも機械的に用いられるトピカ〔論点の発見のための技法〕や、ルルスやキルヒャーの発明術とか記憶術とかに一顧だに価値を認めなかった。[16]

実験主義に重要性を認めたことで、ヴィーコは、フランス的、デカルト的指針を離れ、イタリア的、イギリス的な指針、ガリレオとベーコンに接近したのだったが、このことはヴィーコをアリストテレス主義やスコラ哲学の敵にすることともなる。彼は、個別的なものを探求し、帰納的方法を利用することを奨励する。人類は数えきれないほど豊かな真理を自然学から得てきたが、その自然学は火や機械や道具の助けを借りて自然の作った個々の作品と似かよったものを製作してきたのだと主張する。自分の形而上学を実験的自然学によく奉仕しうるもの（ancillantem）だと言って勧める。[17] こうして彼は、アリストテレスの自然学が信用を失墜したのも十分に理由のあることだと承認しないわけにはいかないのである。それはあまりにも普遍的すぎると彼は言うのだった。彼はデカルトにたいしては形而上学に自然学的な形式を導入し、その結果として唯物論的傾向を有するにいたったとして非難したとすれば、アリストテレスとスコラ哲学者たちは、デカルトとは正反対の誤り、すなわち自然学に形而上学的な形式を導入しようとしたとして非難されるのだった。ヴィーコはベーコンと同様、三段論法や連鎖推理はなんら新しいものをもたらさず、前提に含まれているものをただ反復しているにすぎないと考える。そしてアリストテレス的な普遍概念が知のすべての部分に引き起こしている多種多様な害悪を明らかにする。それは、法学においては、空疎な一般性が立法の良識を窒息させる事態をまねき、医学においては、病人を治療するよりも体系を維持することのほうに注意を向けさせることとなっている。また実践的な生活の場面では、普遍概念の濫用者は「原則主義者」と呼ばれて嘲笑されている。普遍概念からはあらゆる誤謬の原因となる同義語や両義語が生まれる。[18] ここで一般的あるいは抽象的な概念という意味に解された普遍概念にたいする不信に、ヴィーコにおいては、（ルネサンス期の反アリストテレス主義者がしばしばそうであったように）プラトン的なイデア、形而上学的な形相、あるいは類（genus）とヴィーコが呼ぶもの、すなわち、もろもろの対象の永遠のモデルをなし完全性において無限であるところのものの称揚が対応している。数学においては唯名論者であり、その他のあらゆる知の領域においては唯名論に懐疑的であったヴィーコは、形相あるいはイデアの実在を主張する。そして、若いころに、スコトゥス派であった彼の先生、したがってスコラ哲学のなかでもいちばんプラトン哲学に近い立場をとっていた学派に属する先生から教わって以来、この学説にどれほど魅せられていたかを語るのだった(19)。

全体として見た場合、ヴィーコの第一の認識理論は主知主義的でもなければ感覚主義的でもなく、真に思弁的であるわけでもない。しかしまた、これらの傾向を三つともすべて含んでおり、それらは、そのうちの一つに階統的に従属させられるかたちによってではなく、いずれもがヴィーコの認める人間の知識の不完全性に従属させられるというかたちで、互いに組み合わさっている。ヴィーコの意図は独断論者と懐疑論者をある単一の戦術のもとに対決させ、独断論者にたいしてはすべてを知ることができるということを否定し、懐疑論者にたいしてはなにも知ることができないということを否定することにあったのかもしれない。が、じっさいには、懐疑主義ないし不可知論の主張をおこなう結果となっている。そして、その主張のうちにはどこか神秘主義的なところすらうかがわれる。神の知は全一的な知であり、人間の知はその全一性が断片化されたものでしかない。神は万物を構成する要素をすべてみずからのうちに含みもっているので万物について知っているのにたいして、人間は事物を断片に還元することによってそれらを認識しようと努力する。人間の知識は自然の創造物の一種の解剖のようなものであって、それは人間を身体と霊魂に分割し、霊魂を知性と意志に分割し、身体からは形と運動を引き出し、これらから存在者と一を引き出す。そして形而上学は存在者を、数学は一とその数多化を、幾何学は形とその大きさを、機械学は周囲の運動を、自然学は中心の運動を、医学は身体を、論理学は理性を、倫理学は意志を考察する。しかし、このような解剖をおこなうにあたっては、人体の解剖の場合でも、鋭敏な生理学者であれば、人体の個々の部分の位置と構造とその機能を調べることは死と解剖したことそれ自体によってもはや不可能になっているのではないかと疑いをもつが、これと同じ事態が生じる。存在者、一、形、運動、身体、理性、意志は、神においてと人間においてとでは在り方が異なっている。それらは神においては一をなしているのにたいして、人間においては分割されたままにとどまっている。すなわち、神においては生きているが、人間においては死んでしまっている。[20] 明晰判明な知覚は、人間の理解作用が力をもっていることの証しであるというよりは脆弱であることの証しなのである。自然学的な形相が明証的であるようにみえるのは、形而上学的な形相との比較照合がなされないかぎりにおいてのことである。「わたしは思考している、ゆえにわたしは存在する」は、人間が有限の被造物である自分自身を考察するときには確実このうえないものであるが、ひとたび神に向かうと、神こそは唯一にして真なる存在者であって、ほんとうには自分は存在していないことを知るのである。わたしたちは延長とその三つの次元にかんする尺度でもって永遠の真理を確立したものと思いこんでいる。しかし、じっさいには、《わたしたちが天そのものにまで到達しようとするのは愚かさのゆえである》〔ホラティウス〕のであって、永遠の真理は神のうちにのみ存在するのである。なるほど、全体は部分より大きいという公理は永遠のもののようにも思われる。だが、原理そのものにまで立ち戻って考えてみるなら、それが誤りであることに気がつく。そして、円の一点には円周全体と同じだけの延長力があることがわかる。それゆえ、とヴィーコは結論して言うのである。《形而上学を省察するなかで自分を見失ってしまう者こそはこの学において進歩をとげた者であろう》と。[21]

　以上のような命題においてヴィーコはプラトン主義者ないし伝統的なキリスト教哲学の追随者以外のなにものでもないと（しばしばなされてきたように）判断し、その結果、彼の第一の認識理論にいかなる重要性も認めないとすれば、それはある体系の一般的結論だけに目を向けて、その体系にそれぞれの真の特質を付与している唯一のものである個別的内容をなおざりにするという、哲学の批判および歴史の誤った方法にしがみついていることを意味するだろう。あらゆる哲学者がいつの場合にも、その最終的結論においては、不可知論者であったり、神秘主義者であったり、唯物論者であったり、唯心論者であったりするというのは、いいかえるなら、もろもろの哲学的思索や探究が展開されるさいにその基軸をなす永遠のカテゴリーのどれかに組み入れられるというのは、十分に理解できることである。しかし、哲学者たちをこのように一面的なやり方で呈示するのは、思考の歴史というものはひとつの誤りからもうひとつの誤りへと、古い誤りを捨てて、それ自体古い誤りを改造したり若々しく色づけしなおしたりしたものでしかない新しい誤りへと移行していくものであり、自分自身を不毛にも反復しつづけているにすぎないという偏見を助長することにしか益するところがない。ヴィーコのプラトン主義、不可知論、あるいは神秘主義なるものは、同時代の哲学が達していた水準に劣らないばかりか、それをはるかに凌駕する種々の理論が織り合わさってできあがっていた。それゆえ、このうえなく独創的なものなのであった。

　これらの理論のうちで第一のものは、明晰判明な知覚という同語反復的な基準に取って代えられた、真なるものと作られたものとの置換としての認識という理論である。この置換は、ヴィーコによると、人間には達成不可能な理想を表現するものではあった。しかし、この置換によってこそ、認識の条件と本性、それがなくては認識というものを考えることができない思考と存在の同一性は厳密に規定されるのである。第二のものは、数学の本性の開示である。彼の理論によると、数学はその起源において人間の認識のなかでは独特の地位を占めており、恣意的なものであるために厳密であり、驚嘆すべきものであるが、残りの人間の知を支配し変革するには適していないのである。最後に、第三のものは、直観、経験、蓋然性、権威など、主知主義が無視するか否定してきたすべての形態の世界の復権要求である。これらの点において、不可知論者、プラトン主義者、神秘主義者であるヴィーコは、プラトン主義的でも、不可知論的でも、神秘主義的でもなかったのであり、これら三つの観点のもとで彼によって徹底的に批判されたデカルトを超えて、三重の進歩をなしとげたのだった。

一方、デカルトがなおもヴィーコに優位していたところといえば、それはまさしく、ヴィーコがまったく評価しようとしなかった独断論においてであった。成功したか否かは問わず、デカルトは内的な意識から演繹される完全な人間的知識の達成をこころみた。これにたいして、ヴィーコのほうでは、このフランス人哲学者をあまりにも傲慢であると判断し、そのようなこころみが成功するなどという望みを捨てて、真理の超越性を主張し、啓示に依拠し、《人間の脆弱性にふさわしい (humana imbecillitate dignam)》形而上学をあたえようとするにとどまった。(22)デカルトの認識理論が傲慢の認識理論であったように、ヴィーコの認識理論は謙譲の認識理論であった。ところで、ヴィーコはこの面においてもまた前進しうるためには、少なくともその謙譲の一部を捨て去り、デカルトの傲慢さを幾分かは身につける以外にないのであった。彼のカトリックの精神に、彼にはたいへん危険なものと思われたプロテスタントの精神の酵母をわずかなりとも導入する以外にないのであった。そして、人間の弱さに見合うところがいささか少なくとも、弱くもあるが同時に強くもあり、人間でもあるが同時に神でもある、そのような人間にもふさわしい哲学の構想をこころみる以外にないのであった。この前進は彼の思想の以後の形態のなかで表明されるところとなる。

〔本章の注は編訳者が作成したものである。〕

(1) Giambattista Vico, *Opere*, I: *Le orazioni inaugurali, il De Italorum sapientia e le polemiche*, a cura di Giovanni Gentile e Fausto Nicolini (Bari, Laterza, 1914), p. 139.〔上村忠男訳『イタリア人の太古の知恵』（法政大学出版局、一九八八年）、四八―四九ページ〕
(2) Ibid., pp. 131-32.〔上村訳、同右、三四ページ〕
(3) Ibid., pp. 132, 149.〔上村訳、同右、三五、六五ページ〕
(4) Ibid., p. 132.〔上村訳、同右、三四―三五ページ〕
(5) Ibid., p. 139.〔上村訳、同右、五〇―五一ページ〕
(6) Ibid., p. 140.〔上村訳、同右、五一―五二ページ〕
(7) Ibid., pp. 274-75.
(8) Ibid., pp. 135-36.〔上村訳『イタリア人の太古の知恵』、四一―四三ページ〕
(9) Ibid., pp. 135-36.〔上村訳、同右、四一―四四ページ〕
(10) Ibid., pp. 84-85.〔上村忠男・佐々木力訳『学問の方法』（岩波書店、一九八七年）、四〇―四一ページ〕

(11) Ibid., pp. 84-85.〔上村・佐々木訳、同右、三九―四〇ページ〕

(12) Ibid., pp. 184-85.〔上村訳『イタリア人の太古の知恵』、一三一―一三二ページ〕

(13) Ibid., pp. 272-74.

(14) Ibid., p. 144.〔上村訳『イタリア人の太古の知恵』、五六ページ〕

(15) Ibid., pp. 87-88.〔上村・佐々木訳『学問の方法』、四五―五〇ページ〕

(16) Ibid., p. 182.〔上村訳『イタリア人の太古の知恵』、一二六ページ〕

(17) Ibid., p. 191.〔上村訳、同右、一四〇ページ〕

(18) Ibid., p. 146.〔上村訳、同右、六一―六二ページ〕

(19) Giambattista Vico, *Opere*, V: *L'autobiografia, il carteggio e le poesie varie*, a cura di Benedetto Croce e Fausto Nicolini (Seconda ed. riveduta e aumentata: Bari, Laterza, 1929), pp. 5-6.〔西本晃二訳『ヴィーコ自叙伝』（みすず書房、一九九一年）、八ページ〕

(20) Ibid., p. 133-34.〔上村訳『イタリア人の太古の知恵』、三七―三八ページ〕

(21) Ibid., pp. 218-19.

(22) Ibid., p. 191.〔上村訳『イタリア人の太古の知恵』、一四〇ページ〕

第3章　ヴィーコ認識理論の第二の形態

ヴィーコは信仰の意志がきわめて強くて、魂のすべてを彼の時代と彼の国のカトリシズムに捧げていたことが、ヴィーコをプラトン的＝キリスト教的な認識理論と形而上学に固く結びつけていた。そして、その認識理論と形而上学は、このような心理的態度にさまたげられて、それが孕んでいた矛盾を彼の知性のなかで発展させることができずにいた。神の観念が彼を宥めると同時に支えていた。このために彼は、啓示にはどのような価値が付与されるべきであるのかとか、世界の外にある神を考えることができるのかとか、なんらかのかたちで神を証明すること、すなわち神を創造することなくして、どのようにして人間は神を認めることができるのかといったような問題を根底にまで突きつめて探究する勇気もなければ、またその必要を感じてもいなかった。ヴィーコが、人間精神をプラトン的＝キリスト教的なとらえ方の超克へと導いていくような新しい道を開拓し、たとえ部分的であるにせよ歩んでいくためには、摂理がヴィーコにたいして奸計を用い、長く曲がりくねった遠回りの果てに新しい道の入口にたどりつかせ、その道がどこに向かうのかという疑いを彼にもたせないでおくことが必要であった。

ヴィーコが彼の第一の認識理論を陳述した著作、すなわち『われらの時代の学問方法について』と『イタリア人の太古の知恵』およびこれに関連する論争は、一七〇八年から一七一二年の四年間に書かれたものである。これに続く十年間にヴィーコは法と文明の歴史にしだいに専念していくこととなった。将軍アントニオ・カラファの伝記を書く準備のためにグロティウスを再読し、自然法をめぐる論争にのめりこんだ。また、空席となったナポリ大学の法学講座の人事に応募するためにローマ法と法学一般の研究を強化した。さらには、『イタリア人の太古の知恵』で主張した歴史理論にあまり満足できずに、そしておそらくは『イタリア文人雑誌』のある書評家によって彼にたいしてなされた正鵠を射た批判に心底動かされたことも手伝って、言語、宗教、国家の起源について再考した。また彼が職業としていた修辞学の教授は、詩および言語活動の諸形態の本性と歴史についてたえず熟考する機会を彼に提供した。このようなわけで、ヴィーコが『新しい学』の第二版で頂点に達する彼の新しい方向に導かれていったのは哲学的ではなく文献学的な過程をつうじてであったというのは正確な言い方ではないにしても（あるひとつの哲学的な方向性は同じく哲学的な過程に導かれなければ生まれ出ることはないというのは明らかなことであるからである）、彼の新しい思考の材料とそこに向かう刺激とは文献学的研究によって提供されたということも疑いようのないことなのである。

これらの文献学的研究をつうじてヴィーコはあるひとつの厳粛な経験をすることとなった。文献学的研究の材料は、いくつかの必然的原理の助けがなければ、彼の思考によって練りあげることが不可能であったし、じじつ練りあげられなかったという経験がそれである。しかも、それらの原理は彼が省察のためにとりあげた歴史のどの部分においても彼の前に姿を現わしているのであった。かつては、道徳的諸学は数学的方法と対比して、確実性にかんしてはもっとも低い位置を占めるものと彼には思われていた。ところがいまでは、日々これらの諸学と親しんでいるうちに、正反対のこと、すなわち、道徳的諸学の基礎ほど確実なものはないという事実が発見されるにいたったのである。

道徳的諸学の確実性は、デカルトの明証性のように、そのなかでは対象がどれほど内的であると言われようとも所詮は外的なものでしかないような確実性ではなかった。そうではなくて、それは真に内的な確実性であり、内的に獲得されたものであった。知性でもって歴史の諸事実にかんする省察を進めるなかで、ヴィーコは、なにかすでに自分に属しているものをよりよく自家薬籠中のものにしようとして、あたかも自分の財産を再び所有しなおそうとしているかのように感じていた。彼が再構築していたのは人間の歴史であった。そして人間の歴史とは人間自身の産物でなくてなんであるというのだろうか。人間がみずからの観念、感情、情熱、意志、行動によって作るのでないとしたなら、だれが歴史を作るというのだろう。そして歴史を作る人間精神は、それを思考し認識しようと努力しているのと同じ精神ではないのか。したがって、歴史を生み出す原理の真理性は、明晰判明な観念の力からではなく、認識の主体と客体との不可分の結びつきから生じるのである。

このことは、いまやヴィーコが果たすにいたった発見、彼がいまや道徳的諸学に承認するにいたった真理性は、すでに彼によってそれに先立つ時期に定式化されていた認識理論的原理、すなわち、真理の基準は真なるものと作られたものとの置換性のうちにあるとする原理の、あるひとつの新たな連関についてのヴィジョンであったということを意味する。人間は人間の世界については完全な知識をもつことができると主張するさいにヴィーコが持ち出した論拠は、ほかでもなく、人間の世界は人間自身が作ったということである。そしてその場合には《事物を作った者自身がそれらについて語るときほど、その物語が確実であることはありえない》ということが生じるのである[1]。

このように以前の理論を手直しするかたちで主張されたので、道徳的諸学の可能性についての主張は、主観的には、ヴィーコの精神のなかで重要な意味をもたず、彼の観念の仕組みを頭のてっぺんから足の爪先までひっくり返し、彼をしてまったく新しい仕組みの獲得に向かわせるような革命を結果としてもたらすにはいたらなかった。この主張は、ヴィーコには、一方では、彼の従来からの所説を確認するもの、彼がすでに完全な知識とみなしていたもの（宇宙についての神の知識と数学的世界についての人間の知識）にいまひとつの新たな例を付け加えるだけにすぎないもののように思われた。また一方では、認識の領域にはなんらかの限界がいつの場合にも存在しているものだが、その限界が当初はあまりにも狭小なふうに引かれていたのを拡大することでしかないように思われた。彼は当初、真っ暗な、あるいはほとんど光の射しこまない広野の真ん中に燦然と光り輝くわずかばかりの領域を画定していた。ところが、いまやその光り輝く領域がぐんと拡大され、そのぶん暗闇の地帯が縮小されるにいたったのである。しかしまた、このように認識領域を拡大したことがヴィーコを彼の宗教的確信との対決に投げ入れることはまったくなかった。それどころか、この拡大は彼の宗教的確信に味方するものであり、またこれによって味方されているもののように思われたのだった。じっさい、宗教は人間がみずからの行為とその事績について自由と責任と自覚をもつことを教えてはいないだろうか。

　したがって、ヴィーコは新しい形而上学書を書く必要を感じなかった。すでに書いたものに後注をほどこし、以前の主張をいくらか手直しするだけで十分であるように思われたのである。彼の新しい認識理論は、デカルトの基準に対置された真理の一般的基準——すなわち、事物を作る者だけがそれを知る、という基準——を堅持しつつ、まずは事物のすべてを自然の世界と人間の世界に分ける。そして、自然の世界は神によって作られたのであり、それゆえ神のみがそれについての知識をもつと指摘しつつ、不可知論を自然の世界だけに限定するとともに、これとは反対に、人間の世界は人間によって作られたのだから、人間はその世界についての知識をもつと言明する。こうして彼は人間のことどもについての最初はたんに徴候解読的で蓋然的であるととらえていた認識を完全な知識の段階にまで高める。そして、哲学者たちがこれまでかくも苦労して、人間には閉ざされているにもかかわらず、自然の世界についての知識を追い求め、その一方で、こちらについては完全な知識をもつことができる人間の世界、あるいは彼が国家制度的世界（il mondo civile）とか諸国民の世界（il mondo delle nazioni）というようにも呼ぶ世界をなおざりにしていることにたいして、驚きの念を表明するのだった。このような見当違いの原因をヴィーコは、人間の知性は身体のなかに沈みこみ埋めこまれているために身体にかかわることどもについては容易に感じとろうとするが、自分自身を理解しようとするときには苦労と努力を要するという事実のうちに見いだしていた。それはあたかも眼が自分以外の物体はすべて見えるのに、自分自身を見るためには鏡を必要とするようなものだというのだった[2]。

　他のあらゆる点ではヴィーコの観念は変化しないままでとどまっていた。人間の世界の向こうには、人間には近づくことのできない超自然的な世界と、これもまたある意味では超自然であったような自然の世界とがあった。人間が自分自身についてもつことのできる完全な知識の向こうには、不断に人間を苦しめつづけてきた弱さにふさわしいプラトン的＝キリスト教的な形而上学があった。自然科学はあい変わらず十分には知識たりえていないものと考えられていた。また数学は抽象的な形成物であって、抽象的なものにおいてきわめて有効であるが、実在のものを前にしては力をもたないと考えられていた。アリストテレスの三段論法、ストア派の連鎖式、デカルトの幾何学的方法は以前と同じ憎悪の念をもって迫害される一方、《偉大なる哲学者にして政治家》であるヴェルラム卿〔フランシス・ベーコン〕が彼の『ノーウム・オルガヌム〔新機関〕』のなかで推奨し説明している帰納法、そしてイギリス人が実験科学に適応して大いなる成果を上げていた帰納法が以前と変わらぬ愛情をこめて称えられていた。[3]

ヴィーコはしばしば人間のことどもについての学を自分は《厳密な幾何学的方法》を用いて建設するのだと主張している。[4]このヴィーコの主張を聞いたかぎりでは、幾何学的方法の適用可能性についての見方が変わったのではないかと思われるかもしれない。しかし、〈新しい学〉の構造はまさしく幾何学的な構造とは正反対であるということはさておくとしても、同時期に同一の書物のなかで、自然の事物や道徳的なことがらにおいて数学的方法を使用することのないよう、くりかえし注意していたというのも、事実なのである。幾何学的方法は《線や数からなる形象の存在しないところ、あるいは必然性をもたらさないところでは、しばしば、真理を論証する代わりに、虚偽に論証の見せかけをあたえてしまうこととなる》というのだった。したがって、言われるところの見方の変更は、それがヴィーコの抱懐しているもろもろの観念における一貫性をまったきかたちで再建するようなあるひとつの意義をあたえることができるのでないなら、明らかな矛盾であることになるだろう。その意義というのはきわめて単純なものである。というのも、いまや道徳的諸学にも幾何学と同様、真なるものと作られたものとを置換する力のあることが認められたので、道徳的諸学もまた、真なるものから直接的にそれにつぐ真なるものへと移行していく幾何学の総合的な方法と類似する方法でみずからを展開し、人間の世界をその理念的な始源から進歩の諸段階をへて完成点へとたどっていくことができるし、またたどっていかなければならないからである。こうして、道徳的諸学の研究者は一足飛びにそれらの理論を理解しようなどと望んではならず、それらを初めから終わりまで順次段階をへて経由していくべきなのであり、幾何学の場合もそうであるように、研究の過程から生じる不測の結果を避けることなく、前提と帰結のあいだに存在する連関の強固さを検討することだけに専心すべきなのである。したがって、その方法は類比あるいは提喩によって幾何学的方法と呼ばれたが、じっさいには本質的に思弁的なものであり、デカルト派やスピノザが範例をあたえてきたような数学の道徳的ことがらへの適用と混同されるべきではない。

　また、ヴィーコは人間の知性の様態そのもののうちに探究されるべきであるような人間の学を認めることによって、現実にはデカルトに接近し、その追随者になったという、何人かの解釈者の判断にも、留保なしには譲歩することができない。この主張を裏づけようとして、ヴィーコが彼の〈新しい学〉を構想するためには《この世には哲学者も文献学者もいなければ一冊の書物もなかったかのように思いなして、まったくなにも知らない状態にまで立ち戻ってみること》が必要であったと別の箇所で表明していることもまた、よく引合いに出される。[5] たしかにヴィーコは、彼の認識理論の新しい形態とともに、彼もまたデカルトが創始した近代哲学の主観主義に入りこんでいる（いや、すでに彼は真理とは作られたものをふたたび作ることであるとする活動主義的な真理理論とともにそのような主観主義のなかになんらかのかたちで入りこんでいたのだった）。そして、このまったく一般的な意味においては、彼もまたデカルト主義者であったと言うことはできる。しかしまた、彼の主観主義は知識全般の原理ではなくてたんに人間の世界についての知識の原理でしかなかったために、彼はなおもデカルトよりも劣る立場にとどまっていたとするなら、その一方では、彼にとっては、人間の世界のなかで省察される真理は静態的なものではなくて動態的なものであり、発見されたものではなくて産出されたものであり、意識ではなくて知識であるかぎりで、デカルトよりも上に位置しているのである。つぎに、この世には書物もなく哲学者や文献学者の意見もなかったかのように思いなせという勧告について言うなら、その勧告が意味しているのは、あらゆる偏見、世人一般のいまでは古びてしまったあらゆる先入見、想像力や記憶力に由来するあらゆる身体的な形象を脱ぎ捨てて、新しい真理を発見し習得するために不可欠なものである《あらゆる個別的な形式がいまだ形式をもたないでいる純粋理解の状態》にまで立ち戻る必要があるということにほかならない。いわんや、いまの場合、この勧告はデカルトやマルブランシュのように博識や権威を拒否するという意味あいをもつものではないのであって、じっさいにも、他の箇所のことは言わないまでも、いま引いたのと同じ箇所で、〈新しい学〉は《偉大にして多種多彩な学説と博識の双方を前提としている》のであり、それらからすでに認識されたもろもろの真理を採用し、みずからのさまざまな命題を作製するための項目として利用する、と注記されているのが見いだされるのである。[6]

要するに、新しい認識理論のなかでは、ヴィーコはもはやすでにデカルト主義者ではなく、一段とヴィーコ的に、一段と彼自身になっている。デカルトは、ヴィーコには、新しい知性の学を知性によって構築する可能性の確信に到達するための通路としてさえ役に立たないように思われている。真の通路は、ヴィーコが歴史研究の過程でおこなっているもろもろの観察と接触させられた彼自身の真理基準そのものなのであった。哲学史のなかにヴィーコの認識理論の第二形態の先駆者を求めようとするなら、二つの実在世界と二つの認識領域に分割し、自然の事物の探究よりも道徳的なことがらの探究を明らかに選びとっている点では、ソクラテスが彼の時代の自然学者たちにたいしてとった立場や、そのアッティカの哲人が自然の世界を前にして後ずさりし、人間の霊魂の仕組みの研究へと転じていったさいの原因となった宗教的神秘の感情にまで考え及ぶ必要があるかもしれない。また、道徳的諸学は人間自身が産出したものに関係するものであるかぎりでいっそう大きな明証性をもつとしている点では、アリストテレスが学を、人間にとって外在的な運動を考察する自然学と人間の産出したものを考察する実践的および製作的な学とに区分していることが想起されてもよい。この区分はスコラ哲学へ伝わっていった。そしてトマス・アクィナスは自然を《理性が考察するが製作することはしない秩序》、人間的活動の世界を《理性が考察しつつ製作する秩序》と言っている。しかし、ヴィーコは自分の思想が昔の哲学者たちに負うていることを敬意をもって表明するのをとても好んでいたにもかかわらず、これらのくだりについては言及していない。そして、これらのくだりを彼が知っていたとして、そのことが彼になんらかの影響をあたえたということは認めるとしても、たしかであるのは、それらと人間の世界の認識可能性にかんするヴィーコの理論のあいだには、創造主である神の全知という命題とそこからヴィーコが掘り出すことのできた認識理論的原理とのあいだの隔たりに劣らない隔たりがあるということである。

道徳的諸学にかんするヴィーコの理論は、まさしくこの原理の最初の正当な実現以外のなにものでもない。そして、当のヴィーコ自身が（多くの場合、その解釈者たちもそうであったが）その理論をこの原理についてすでになされていた使用のたんなる拡大、数学に適用されたのちに適用された第二の事例であるかのように呈示することとなったのは、不正確なことだったのである。

　数学の場合には、真なるものと作られたものとの置換の原理はただ外観においてのみ実現されたにすぎなかった。その原理そのものはオリジナルなものであり真なるものである。また、数学の理論もオリジナルなものであり真なるものである。だが、この二つの真理の結びつけ方はまったく人為的なものであって、偽りなのであった。欠けていたのは（もし見まちがっていなければ）、世界を創造する神、そして世界を創造するがゆえに世界を知る神の概念と、抽象の世界を任意に〔自由意志をもって〕構築する者、そして構築作業をおこなうなかでなにも認識しないか、あるいは（もはや幾何学者や数学者ではなくて哲学者である場合、エウクレイデス〔ユークリッド〕の『原論』ではなくて『イタリア人の太古の知恵』の認識理論的なページを書く場合には）自分が任意に事を進めているということだけしか認識しない者の概念とのあいだに実際に存在する関係なのであった。数学が作りあげるのが任意に設定された諸概念であるなら、真理ではなく仮構であるなら、数学は、本当をいうと、知識でもなければいかなる認識でもないのであって、それを現実に存在する実在の知識である神の知識と比較照合する可能性は存在しないのである。数学においては（とヴィーコは言う）、《人間は自分の内部に線と数からなる想像の世界を含みもっているので、神が実在をもって宇宙のなかで製作をおこなうのと同じようにして、人間は抽象をもって線と数からなる世界のなかで製作をおこなう》。この比較照合には光彩陸離たるものがある。しかし、それはおそらく、論理的な光によってというよりは比喩的な光によって輝いているのではないだろうか。

反対に、道徳的諸学においては、比較照合はきわめて論理的であり、ただちに合致というべきほどのものである。人知は、質的には、神知と同一であり、神の思考と同等に人間の世界を認識する。もっとも、量的には制限されていて、神の思考のように自然の世界にまで拡大されることはないにしてもである。人間の分野においては、もはや脆弱さゆえの方便や擬制や偽造は存在しない。ここでは人は認識の最大の具体性のうちにある。人間は人間の世界を創造する。それを国家制度的なものへと変容させつつ創造する。そして、それについて思考するなかで、自分が創造したものを再創造する。すでにたどってきた道をたどりなおし、観念的に作りなおす。こうして、真にして十全な知識によって認識する。これはまさしくひとつの世界である。そして人間はほんとうにこの世界の神なのだ。

したがって、〈新しい学〉のなかで実行されているverum-factum〔真なるもの＝作られたもの〕の展開のみがさきに確立された知識の基準に照応するものであるというのは、また、それに先立って数学にたいしてこころみられてきたものは、他のいくつかの点では重要であり、人々の精神を数学的な偏見から解放するためにはきわめて有効であったが、正真正銘の照応性をもつとはみなしえないというのは、異論の余地がないように思われる。そして、おそらくヴィーコ自身も、通常同一のものとして彼があつかっていたこの原理の二つの用法、つまりは本来の用法と比喩的な用法の違いにときおり気がついていたのではないだろうか。人間の世界の学は（と彼は言う）《まさしく、幾何学がそれの諸要素にもとづいて大きさの世界を建設したり観照したりするとき、それはその世界をみずから自分の前に作り出しているのと同じような仕方で進んでいくのであるが、ただし、人間たちの事績にかんするもろもろの秩序には点、線、面、図形以上に実在性があるだけに、そこには、それだけいっそう多くの実在性がともなっている》[7]。また、人間の世界にかんする理論のなかではじめて（たんなる認識の擬制ではなく）正真正銘の認識を見いだしたという意識が彼のなかでときどき発火していたことの徴候は、この場合に「神的な」という形容詞を口にするときの確信に満ちあふれた情熱的な口調に見てとることができるだろう。これは、『イタリア人の太古の知恵』のなかで「神に似た」という言葉が用いられるときの、皮肉に満ちたとまではいわないまでも、冷静な口調とは、はっきりと異なるものである。〈新しい学〉の証明は（と彼は情熱的口調で一度ならず述べている）《一種神的なものであって、読者よ、あなたに神的な喜悦をもたらすにちがいない。それというのも、神においては認識することと製作することとは同一のことがらであるからである》[8]。

道徳的諸学における真なるものと作られたものとの置換は、確実なもの (il certo)、あるいは

（ヴィーコがこの言葉に託した意味のなかのひとつで、おそらくは第一位のものと思われるものによると）歴史的認識（コンムーネ commune〔共通なもの〕、あるいはウェールム verum〔真なるもの〕に対置された、ペクリアーレ peculiare〔個別的なもの〕、ケルトゥム certum〔確実なもの〕）の取り扱いにも反響をおよぼさずにいなかった。このことは、ヴィーコ認識理論の第二形態におけるいまひとつの重要な特徴をなしている。第一の認識理論においては、歴史的認識は、すでに見たように、いずれも、蓋然性と、個人のもの（アウトプシア autopsia〔自分の目で見て確認したもの〕）であれ人類のものであれ、権威とに立脚しているために、平等に弱い、あるいは平等に強い、それ以外のあらゆる認識と均一化されることによって正当化され保護されていた。ところが、いまや人間精神とその法則についての認識が権威や蓋然性を超えた地位にまで高められた結果、歴史的認識も、その本性からしてつねになんらかのかたちで権威にもとづいているにしても、新しい光のもとに照らし出されることとなったのである。確実なものはあるひとつの新しい関係のなかに入っていかなければならなかった。というのも、それが相手にしているのはもはや別の確実なもの、すなわち、人間精神についてのたんに蓋然的な認識ではなく、真なるもの、哲学的認識であるからである。

　この関係はヴィーコによって哲学と文献学の関係とも呼ばれている。前者は《自然の必然的なもの》をあつかい、道理を観照する。そしてここから真なるものについての知識が生まれる。

後者は《人間の意志によって取り決められたもの》をあつかい、権威を観察する。そしてここから確実なものについての意識が生まれる。[9] 一方は普遍を、他方は個別を考察する。一方は、ライプニッツなら「理性の真理（vérités de raison）」と言ったであろうものを考察し、他方は、同じくライプニッツが「事実の真理（vérités de fait）」と言ったであろうものを考察する。この区別は、ヴィーコのもとでは、どこでも同じ厳密さをもって維持されていたわけではなく、ときには、道理に対置されるはずの権威が道理自体の一部になってしまったり、理性的意志による認識と人間の意志による認識との対置に混同が生じたりしている。それでも、この区別の一般的意味はこのうえなく明瞭である。また「文献学」という言葉でヴィーコが言おうとしているのは、たんに言葉とその歴史だけではない。言葉には事物の観念が結びついているということから、それはなによりもまずもっては事物の歴史のことを指している。したがって、文献学者は、戦争、講和、協定、旅行、交易をあつかわなければならず、習俗、法律、通貨をあつかわなければならず、地理と年代史をあつかわなければならず、それ以外にも世界における人間の生活に関係するあらゆるものをあつかわなくてはならない。要するに、文献学（ヴィーコの言う意味においての——そしてこれが文献学の厳密な意味なのだが）はたんに言語と文学の歴史だけではなく、人々の思想と行動の歴史、つまりは哲学と政治の歴史をも同様に包括しているのである。[10]

たしかに、文献学、事実の真理、確実なものは、デカルト派によってなされたようには、いつの場合にも軽蔑され無視されてきたわけではなかった。グロティウスは、このうえなく広範囲にわたる歴史的知識を活用して、彼の自然法理論に役立てようとしていた。ヴィーコの同時代人であり同国人であったヴィンチェンツォ・グラヴィーナは、法律家に必要なものとして《推理術(ratiocinandi ars)》だけでなく、《ラテン語の修練(latinae linguae peritia)》と《歴史についての知識(notitia temporum)》を要求していた。いましがた言及したライプニッツも、デカルト派に反対して博識の重要性をあらためて主張していた。そして、多種多彩な歴史的逸話を自家薬籠中のものとしていて、彼の本のなかでふんだんに利用していた。しかし、ヴィーコが指摘するところによると、哲学と文献学はギリシア人とローマ人のもとではほとんどまったく互いに疎遠なものにとどまっていたように、彼の時代においてもなお、互いに疎遠なものにとどまっていたという。グロティウスは歴史家、弁論家、哲学者、詩人などから多くの箇所をかり集めてはいるけれども、それらはすべてたんなる装飾としての意義をもつにすぎなかった。また、ライプニッツが歴史を広く利用したことについても(かりにヴィーコがライプニッツと面識があって自分の判断を伝えていたとしての話であるが)、ヴィーコは同様の判断をしたのではないだろうか。文献学者の著作を読むなかで、ヴィーコはそこにただがらくた同然の歴史的知識を寄せ集めただけの理解力を欠如させた作業を見てとって、そのような作業にたいする空しさと煩わしさを感じていた。そして、博識にたいする憎悪を剝き出しにしていたデカルトやマルブランシュに理があると認めるにいたっていた（それもかなりの時期にわたって無条件的に理があると認めていた）。しかしながら（と彼はやがて考えたのだった）、この二人の哲学者は、博識をただただ軽蔑するのではなくて、むしろ、文献学を哲学の諸原理にまで呼び戻すことができないかどうかを探究してみるべきであったのだ。そして文献学者のほうも、博識をひけらかす目的で事実をかり集めるのではなく、知識を得るという目的に向けて事実を練りあげるように努力すべきなのである。文献学は知識に還元されなければならない。これが、確実なものと真なるものとの関係、文献学と哲学との関係についてのヴィーコの考えなのであった。[11]

　文献学、あるいは同じことであるが歴史を、知識、あるいは哲学に還元するとはどういうことなのであろうか。厳密に言うと、そのような還元は不可能である。というのも、両者はもともと異質のものであるからではない。そうではなくて、かえって同質のものであるからである。歴史はすでに本質的には哲学である。どんなに些細な歴史的命題であっても、それを思考によって、すなわち哲学によって塑造することなしには言明されえないのである。だが、このような文献学の哲学的な前提には当時はだれも気づかず（それ以降の時代になってもきわめて多くの場合そうであったが）、簡単に否定されてしまっていた。周知のように、大多数の者たちは、もろもろの歴史的事例のプロファーヌム・ウルグス profanum vulgus〔卑俗の民〕を忌み嫌い軽蔑する貴族主義的な幾何学的哲学を構想するか、あるいは（ヴィーコ自身も初めはそうであったように）ともに等しく厳密性を欠いていてたんなる臆見にすぎないような哲学と歴史のことを心に思い描いていた。しかし、ヴィーコは、その哲学的視点が変わり、人間の学に思弁的方法を導入することの意義についての意識が達成され、人間精神がより深く理解されるようになるとともに、現におこなわれている歴史叙述には改革しなければならないことが山ほどもあることを見いださざるをえなくなり、彼自身の哲学の完成度が高まるにつれて、同じく完成度の高い文献学の必要性を感じざるをえなくなった。そして、その必要性を認識理論的な用語に訴えつつ、哲学にまで文献学を《後者が前者の成果であるとみなしうるようにして》呼び戻すという定式でもって言い表わさなければならなかった。いいかえると、歴史を、その劣等な状態、すなわち、気まぐれ、虚栄、道徳主義、教訓主義、その他の外在的諸目的に隷属している状態から解放し、それに普遍的な真理の必要な補完物としての本来の本質的目的を認めてやらなくてはならないのだった。このときには、同時に哲学も歴史によって満たされ、歴史との協調関係におかれるだろう。そして、この協調関係によって哲学はさらなる広がりを獲得し、説明の対象である具体的現実についてのいっそう生き生きとした感覚をもつようになるだろう。以上が、疑いなく、哲学と文献学の結合、ならびに知識への文献学の還元というヴィーコの定式のもつ意義のひとつなのである。

しかしまた、ヴィーコがこの定式を表明するさい、さらにそれ以上のことを求めていたということ、そして通常はなにか別のことを意図していたということも、同じく疑いのないところである。このなにか別のことは、もっとも直接的には、彼がおこなっているベーコンとその「より確実に哲学する方法」への訴えかけによって明らかにすることができる。すなわち、『思索と観察（Cogitata et visa）』というベーコンの著作の表題に表現されている方法がそれである。ヴィーコはその方法を《自然の事物から人間の国家制度的な事物へと移し換える》よう提案するのであった[12]。要するに、彼が要請したのは、まずは人間社会の典型的歴史を構築し（cogitare）、ついでそれを事実のなかで照合する（videre）ことなのであった。事実でもって観念的な構築物を確実なものにし、観念的な構築物でもって事実を真なるものにすることによって、あるいは、権威でもって道理を、道理でもって権威を、おのおの裏づけることによってである。すなわち、人間性の哲学であると同時に諸国民の普遍的歴史でもあるようなひとつの学を構築することを彼は要請したのだった。ところで、彼が要請したこの構築と照合、cogitare と videre、つまりは思考と経験のこの中間物、二つの過程のこの混合物は、事実の哲学的解釈であるかぎりでの哲学と文献学の統一とは本質的に異なっている。事実の哲学的解釈のほうは生きた歴史である。これにたいして、もう一方のものは、哲学でもなければ歴史でもなくて、人間と社会についてのひとつの経験的科学である。そして、それは超時間的な哲学的カテゴリーでもなければ個別的な歴史的事実でもないもろもろの図式からできあがっている（それらの図式も哲学的カテゴリーや歴史的事実がなくては構築不可能であるにしてもである）。それはひとつの経験的科学なのであり、それゆえ、厳密なものでも真なるものでもなくて、ただたんに近似的で蓋然的なものであるにすぎない。そして、哲学と歴史の両方の側から検証と修正に付されなければならないのである。

歴史に還元された文献学のこれら二つの意味のうち、どちらがヴィーコ本来のものであるのかを決定することは、彼の思考のなかには二つとも存在しているのが見いだされるために不可能であるのかもしれない。あるいはまた、どちらが優位しているかを決定することも、現実には、あるときには一方が、またあるときにはもう一方が優位しているので、不可能であるのかもしれない。第二のもの、すなわち経験的なもののほうが、より頻繁に口にされているにしてもである。それどころか、ヴィーコは自分の著作に「新しい学」という標題をあたえたとき、彼がこの《羨望を呼ぶ》表題[13]にあたえた意味のうちでも第一の意味はまさにそうした経験的科学にかかわるものであったとすら言うことができるのだ。すなわち、人間性の哲学であると同時に歴史でもあるような学、あらゆる国民の事績がそれらの発生、前進、停止、衰退、終焉にわたって経過していくさいの基礎にある永遠の法則の理念的な歴史[14]にかかわるものであったと言ってもよいのかもしれないのである。じつをいうと、ヴィーコはこの二つのあい異なる意味を統一することはけっしてせず（またできもせず）、二重性を保持したままでいた。そして、まさしく明確に区別することがなされなかったために、同一のことがらを意味しているかのような外観を呈することとなったのであった。したがって、解釈者たちのなかには、ヴィーコは思弁的方法を表明し採用していたと主張する者と、彼の方法は理念上も適用の実際においても経験的で帰納的で心理学的だったと主張する者とがおり、また、彼は人間性についてのひとつの哲学の体系をあたえようとしていたとする者と、社会学ないしは民衆心理学を提唱していたのだとする者とがいるが、これら二つの傾向はいずれも部分的には正しいと認めることができるのである。もっとも、どちらの解釈も一面的である。しかしまた、後者のほうが前者よりも一面的である。というのも、ヴィーコのうちにはベーコンの部分とプラトンの部分、経験論者の部分と哲学者の部分とがともに存在していることは真実であるとして、しかしまた、彼の才能の性格をとらえてみるなら、彼の精神の内奥にまで分け入り、彼が抱えこんでいたもろもろの不和とそれらを解決せんとする彼の大いなる努力に参与してみるなら、彼が欲し信じていたところがなんであれ、ヴィーコという人間がベーコンの生地ではなくてプラトンの生地でできあがっていたこと、ヴィーコの語るベーコン自体、半分は想像上のベーコンであり、いくぶんかプラトン化したベーコンであることを承認せざるをえないからである。そして、〈新しい学〉が結局のところ彼に新しいものと映ったのは、それがベーコン的な経験的構築物であったからではなく（その場合には、アリストテレスの『政治学』やマキャヴェッリの『ローマ史論』を想い起こせば十分であって、これほど古めかしいものはない）、あるひとつの新しい哲学で満ちあふれていたからなのであった。じっさいにも、この新しい哲学は、それがあつかう経験の全体をつうじて、あらゆる部分から湧き出ているのである。

〔本章の注は編訳者が作成したものである。〕

（1）Giambattista Vico, *Opere*, IV: *La Scienza nuova seconda*, a cura di Fausto Nicolini (Quarta ed. riveduta e arrichita di postille inedite d'un discepolo: Bari, Laterza, 1953), parte prima, pp. 128-29 [349].〔上村忠男訳『新しい学』1（法政大学出版局、二〇〇七年）、二〇二ページ〕

（2）Ibid., parte prima, pp. 117-18 [331].〔上村訳、同右、一八六―八七ページ〕

（3）Ibid., parte prima, pp. 213-14 [499].〔上村忠男訳『新しい学』2（法政大学出版局、二〇〇八年）、一二四―一二六ページ〕

（4）Cf. ibid., parte seconda, p. 173.〔上村訳『新しい学』1、二一三ページ〕

（5）Giambattista Vico, *Opere*, III: *La Scienza nuova prima*, a cura di Fausto Nicolini (Bari, Laterza, 1931), p. 29. Cf. Vico, *Opere*, IV: *La Scienza nuova seconda* cit., parte prima, p. 117 [330].〔上村訳、同右、一八五―八六ページ〕

（6）Vico, Opere, IV: *La Scienza nuova seconda* cit., parte seconda, pp. 173-74.〔上村訳、同右、二一三―一

四ページ〕
(7) Vico, *Opere*, IV: *La Scienza nuova seconda* cit., parte prima, p. 129 [349].〔上村訳、同右、二〇二ページ〕
(8) Ibid., p. 129 [349].〔上村訳、同右、二〇二ページ〕
(9) Giambattista Vico, *Opere*, II: *Il diritto universale*, a cura di Fausto Nicolini (Bari, Laterza, 1936), parte seconda, p. 268. Vico, *Opere*, IV: *La Scienza nuova seconda* cit., parte prima, p. 76 [138].〔上村訳、同右、一一三ページ〕
(10) Vico, *Opere*, IV: *La Scienza nuova seconda* cit., parte prima, p. 77 [139].〔上村訳、同右、一一三ページ〕
(11) Vico, *Opere*, II: *Il diritto universale* cit., parte seconda, pp. 318-19.
(12) Vico, *Opere*, IV: *La Scienza nuova seconda* cit., parte prima, p. 82 [163].〔上村訳『新しい学』1、一三二ページ〕
(13) Vico, *Opere*, IV: *La Scienza nuova seconda* cit., parte seconda, p. 153 [1096].〔上村忠男訳『新しい学』3(法政大学出版局、二〇〇八年)、二三五ページ〕
(14) Vico, *Opere*, IV: *La Scienza nuova seconda* cit., parte prima, p. 128 [349].〔上村訳『新しい学』1、二〇二ページ〕

第4章　ヴィーコ認識理論の源泉

真なるものと作られたものとは置換されるというヴィーコの定式において表明された認識理論的規準は独創的かつ近代的なものであるというわたしの主張[1]にたいして、一部のカトリック系の書評者たちから、その学説はたしかに真実であるが、ヴィーコの独創ではなく、いわんや近代的なものではさらさらにない、との反論がなされた。その学説は明らかにスコラ学派のものであるというのである。もしわたしにそうは見えていないとすれば、それはわたしがスコラ学に疎いためである、というわけなのだ。

ここでは、本当を言って、スコラ学についてまったく無知であるなどといったことがいったいどのようにすれば起こりうるのか、自分に問うてみてもよいのかもしれない。それの呈している多面相ぶりとそれが立てているさまざまな区別の錯綜した森のことについてはいさ知らず（というのも、これらについて無知であるということは理解できることだからである）、それを支えている基本的な認識理論的規準についてである。その認識理論的規準は近代思想の出発点を形成してきたのだった。だから、哲学の初歩を習得した者ならだれでも、その規準のことを知らないなどといったことは、およそありえないのではないかと思われるのである。しかし、無知ではないのかといつも気に懸けていること、さらには実際にそうである以上に無知であると思いこんでいることは、なにかにつけて好都合なことである。そこでわたしは、わたし自身にかんしては、進んで謙遜の態度をとろうと思う。ひどいのは、わたしと同様、ヴィーコの規準がじつはスコラ学の古いがらくたのなかにすでに存在していたことに気づいていないと言って、他の人たちまでをも無知呼ばわりすることである。たとえば、ヤコービ。彼は、そのヴィーコの規準が『イタリア人の太古の知恵』のなかで言明されているのを読んで、そこにカント主義と絶対的観念論の最初の出現を見いだしたのだった[2]。あるいはまた、ヴィーコの規準のさらなる発展形態をシェリングの同一性哲学のうちに認めたカトリック系の神学者、フランツ・フォン・バーダー[3]。それをまるで他に類を見ない綺想かなにかのようにあつかって、ほかでもないスコラの理論を武器にしてそれに戦闘を挑んだスペインの学識ゆたかで機知にとむトマス主義者、ハイメ・バルメス[4]。ヤコービの考察を受けいれて発展させた同じく学識ゆたかなカトリックの神父、ジョヴァンニ・マリーア・ベルティーニ[5]。さらには、著名な哲学史家のヴィルヘルム・ヴィンデルバント。彼はヴィーコの学説については知らなかったが、フランシスコ・

サンチェスの『不可知論』のうちにそれに似た思想が示唆されているのに出会って衝撃を受け、それが学問的に活用されるようになるにはもっと時代が熟し、イマヌエル・カントというひとりの偉大な哲学者が登場するのを待たねばならなかった、と述べて、その重要性を強調したのだった。[6] そして最後に、スコラ学を専門にする歴史家で、ヴィーコにかんする行き届いたモノグラフィー[7]の著者でもあるカール・ヴェルナー。彼はスコラ学には深く通暁していたにもかかわらず、今日主張されているヴィーコ認識理論のスコラ的性格なるものについてはなんら気づいてすらいないのである。したがって、それについて知る能力と義務をもっていたはずの、かくも多くの研究者たちが接近できないままでいたスコラの学説とは、なんと難解で神秘的な学説であることか！

だが、入口のところでこれ以上くどくどと思いめぐらせることはやめて、ただちに問題となっている論点に入ることにしよう。認識することを製作することと置換するヴィーコの規準は、スコラ学のどの部分に見いだされるのだろうか。

この点にかんしては、しばしば、「存在者と真とは置換される（ens et verum convertuntur）」という聖トマスの言が引合いに出されてきた。[8] しかし、この種の引用は、事物によって説得するよりはむしろ言葉によって混乱させるのに適しているのではないだろうか。こんな引用をするくらいなら、ヴィーコ自身が彼の原理はスコラ学的なものであると公言していた、と主張するほうがましだろう。というのも、まさに『イタリア人の太古の知恵』の第一章は《ラティウムの人々にとっては“verum”〔真なるもの〕と“factum”〔作られたもの〕とは相互に取り替えられる（reciprocantur）。あるいは学校《スコラ》で一般におこなわれている言い方に従うなら、置換される（convertuntur）》という言葉でもって始まっているからである。ただ、そこでは、瞬時想いを致してみればだれの眼にも明らかなように、ラテン語学者でもあったヴィーコは“converti”というラテン語の正雅な用法になじまない言い方に代えて、“reciprocari”というキケロ的な言い方を採用しようとしていたのだった。

聖トマスは彼の定式の意味をきわめて明確に説明している。そして、まずもって、『神学大全』第一部の第一六問の第三項で「真と存在者とは置換されるのかどうか」とみずから問うて、こう答えている。《善が欲求しうるものへの配慮を有するように、真は認識への準備を有している。しかしながら、それぞれの事物が認識可能であるのは、それが存在を有しているかぎりにおいてのことである。このために、〔アリストテレスの〕『霊魂論』三・三七において、霊魂は、感覚と知性にもとづいて「ある意味においてすべてのものである」と言われているのである。また、それゆえ、善が存在者と置換されるのと同じように、真も存在者と置換されるのである。しかしまた、善が存在者の上に欲求しうるものへの配慮を付け加えるように、真は知性への準備を付け加えるのである》。したがって、存在するものしか認識できないのであり、そして善いものしか存在しえないのである。存在者と真と善は相互に置換されるのだ。それゆえ、事物もまた、それらが真であると言われるのは、それらがそれらを作る者の知性のうちに存在している理念に対応しているかぎりにおいてのことなのである。《それぞれの事物がみずからの自然本性についての真理を有するのは、製作されるものが技芸に合致するようにして、それが神の知識を模倣しているかぎりにおいてのことである》（一・一四・一二）。《神の知識こそが事物の原因である》（一・一四・八）。《神の知識は事物の尺度である》（一・一四・一二）。だが、真と善、前者は悟性の対象であり、後者は意志の対象であるが、その両者は、《内実においては置換される》としても、他方、《様態においては相違する》（一・五九・二）。これらの考え方と、真理を認識するための条件はその真理を製作することであるというヴィーコの考え方とのあいだには、はたして、なにか共通するものがあるのだろうか。かりにそうだとしても、ここでは、事物を認識することこそが事物を製作するための条件であると言明されている。あるいは、聖トマスが同じ場所（一・一四・八）で聖アウグスティヌスの言葉（『三位一体論』一五・一三）を引いて述べているように、《被造物はすべて、霊的なものも物体的なものも、それらが存在しているから神はそれらを知るのではなくて、神がそれらを知っているから、それらは存在するのである》。

　いずれにしても、ヴィーコは「存在者と真とは置換される」という聖トマスの定式を想起してはいない。ただし、これと似たもう一方の「存在者と善とは置換される」という定式[9]のほうは（これはわたしの見解に反論する者たちが見逃している点なのだが）知っていて引用しており、我田引水をくわだてて、それを彼の定式と結びつけている。じっさいにも、ヴィーコは書いている。《わたしはまず、作られたものと置換される真なるものを確立し、学校《スコラ》で言われている〈存在者と置換される善〉をこのような意味に理解する。そしてついでは、唯一の真なるものは神のうちに存在する、と結論する。というのも、神のうちには作られたもの（il Fatto）がすべてそっくりそのまま含まれているからである[10]》。結合はきわめて自由なかたちで獲得されている。まずもっては“verum”を“factum”と同一視し、つぎに“factum”を“ens”〔存在者〕と同一視する。そしてさらには“verum-factum-ens”を“bonum”〔善〕と同一視する。すなわち、スコラ学派の思想にヴィーコの思想を取って代えることによって、結合は獲得されているのである。このような解釈学的方法をとれば、あらゆる学説から唯一の学説、ひとつの〈永遠の哲学〉（perennis philosophia）を出現させるのは容易なことである。だが、こういった方法は、なんらの真理動機によっても裏づけられたものではないとまでは言わないにしても、歴史家のとるべき手続きでないことはたしかである。

　ヴィーコの立てている規準がトマス主義に疎遠なものであるだけでなく、背反するものであることは、（さきにも述べたように）バルメスによって明らかにされた。バルメスはヴィーコの規準を《もっともらしく見えるが、堅固な基礎を欠いている》と断言したのであった。そして、聖トマスのテクストを利用してヴィーコに異議を唱え、神が事物の真理を知っているのはそれらを産み出すからであるという神学理論に、神が事物の真理を産み出すのはそれらを知っているからであるというスコラ哲学の理論を対置したのだった。また、〈ことば〉は神の全能のうちに含まれているものをたんに知ることによってだけ懐胎されるとの異議申し立てをしたのだった。というのも、〈ことば〉が懐胎されるのは、たんに被造物をつうじてだけでなく、神の本質を認識することをつうじてであるからである、というのだった（《父は、自分と子と聖霊そして父の知識に含まれている他のあらゆるものを理解しつつ、〈ことば〉を懐胎する。こうして、三位のすべてが、さらにはまたあらゆる被造物が、〈ことば〉によって言表される》）。そして、ひとたびヴィーコの規準が立てられてしまったなら、神は自分自身を作り出したわけではないので、神すらもが自分を認識することができないことになってしまうだろう、とヴィーコに反論したのだった。さらには、理解は同一性によっても可能であるという理由で、原因性によってのみ可能であるということを否定し、ヴィーコの規準を懐疑主義であるとして非難したのだった。そして最後に、意識のうちにあるもろもろの事実は理性の産物ではないにもかかわらず、理性を手段として知られると主張したのである[11]。もっとも、わたしにとって重要なことは、バルメスの意見が正しいかどうかを議論することではない。また、ヴィーコの規準がキリスト教神学と和解しうるものかどうかを議論することでもない。わたしにはただ、聖トマスのテクストによってだけでなく、トマス主義の権威ある解釈者の一人の見解の援助をえて、ヴィーコの学説がトマス主義的なものではないということを確定できたことが重要なのである。

つぎにはまた、その規準がトマス主義とは和解しがたいものではあっても、最良のキリスト教神学とは和解しうるものであるとしよう。その場合でも、それが『新しい学』のなかでとっている形態、わたしがヴィーコの第二の認識理論と呼んできたもののなかでとっている形態においては、それがそのいずれとも和解しえないものであることはたしかである。ヴィーコの第二の認識理論については、バルメスは知らないでいた。あるいは無視していた。また、わたしの本のカトリック系の書評者たちも、じつをいうとほんの軽く触れているにすぎない。彼らの一人は《ヴィーコの第一の認識理論と第二の認識理論のあいだの隔たりなるものは、じっさいにはまったく存在せず、どんなふうにしても出てこない》と主張している。どうしてまた、どんなふうにしても出てこないのだろうか。『イタリア人の太古の知恵』においてはたんに蓋然的な学科のなかでも最後のポストを占めていた歴史的な諸学科ならびに精神の諸学は、『新しい学』においては、もっとも真実の学、それも数学そのものよりも高い段階に位置する真実の学に転化している。というのも、それらは《人間たちによって作られた》人間の世界にかんする学であって、それの生成の様式を《人間の知性自体の諸様態の内部に》見いだすからである。そして、《人間たちの事績にかんするもろもろの秩序には点、線、面、図形以上に実在性があるだけに、そこには、それだけいっそう多くの実在性がともなっている》のである。[12] さらにヴィーコは、『イタリア人の太古の知恵』の全面的な懐疑主義から、《そのような証明は一種神的なものであって》、《神的な喜悦》をもたらすにちがいない、《それというのも、神においては認識することと製作することとは同一のことがらであるからである》と主張するほどの合理主義[13]にまで移行していっている。そうだとしたら、そこにはなんらの隔たりもないのだろうか。

じつをいうと、いまわたしはガリレオの『プトレマイオスとコペルニクスとの二大世界体系についての対話』〔『天文対話』〕[14]のなかの、わたしたちの先達ベルトランド・スパヴェンタがこよなく愛していた有名なくだりをふたたび読み返しているところである。そこには、人間の知性は外延的には〔無限にあることがらをくまなく知り尽くしているという点では〕神の知性と区別されるが、内包的には〔もっとも深部にいたるまで完全に理解しているという点では〕区別されないという思想、神は全知であるので、数学的命題について神の知性は人間の知性よりも多くの無限の命題を知っているとしても、《人間の知性の理解した少数の命題については……人間の認識は、その客観的確実性において、神の認識に等しい。というのも、それらにかんしては、人間の知性はこれ以上に確実なものがありうるとは思われないほどの必然性を理解するにいたるからである》という思想が表明されている。しかし、ガリレオはいずれにしてもスコラの徒ではない。それに、この彼の文言はキリスト教のイデオロギーにはきわめて危険なものと聞こえたため、彼みずからそれを緩和することを余儀なくされ、《数学的証明がわたしたちに認識させる真理にかんしていうと、それは神の知恵が認識しているのと同じものである》としても、《神が無限な命題——そのうちのごくわずかのものをわたしたちは認識しているにすぎないのである——を認識する仕方は、わたしたちが認識する仕方よりもはるかに卓越したものである》ことを認めている。《わたしたちの認識は論議を重ねながら結論から結論へと移行していくという仕方で進行する。これにたいして、神のほうは端的な直観でなっている》というわけである。しかも、この譲歩した文言自体もガリレオ裁判において非難条項のひとつに挙げられたことも忘れないでおきたい。[15]

真なるものと作られたものの置換という定式がトマス主義のなかには見いだされないとして、少なくともそのもともとの懐疑論的かつ神秘的モティーフにおいては、スコラ学の、そして一般に中世哲学の、いくつかの指針のうちには見いだされるのかもしれない。トマス主義にはヴィーコは通じてはおらず、あるいは共鳴するところがあるようにも感じていなかったようである。だが、彼の自伝からは、彼が唯名論ならびにペトルス・ヒスパーヌスとパウルス・ウェネトゥスの論理学綱要を——これといった成果は得られなかったものの——勉強したことがあったことが判明する。[16] もっとのちには、ドゥンス・スコトゥスの哲学を勉強して、こちらのほうからはきわめて多くの成果を得ている。ドゥンス・スコトゥスの哲学はスコラ哲学のなかでもっともプラトン哲学に近いように彼には見えたのだった。[17] じっさいにも、その痕跡は『イタリア人の太古の知恵』のいくつかの理論、とくに普遍的なものとイデアにかんする理論のうちに見いだされる。

そこでわたしはこの指針、すなわち、ドゥンス・スコトゥスのスコラ哲学と、これと密接に結びついていたオッカム主義の哲学のうちに、いくばくかの探りを入れてみた。そればかりか、まさにこの探索のために、専門の研究者たちからわたしには欠如していた部分にかんしてのなんらかの援助を期待していたのだった。ところが、彼らは自分たちの表面的な印象を語るか、内容のないおしゃべりに耽るだけで、期待には応えてくれなかった。

総じて、ドゥンス・スコトゥスの認識理論にはヴィーコの認識理論に類似するいくつかの特徴が姿を見せていると言うことができるようにも思われる。たとえば、〈知性と事物の合致〉(adaequatio intellectus et rei) というトマス的な理論に反対して、それを神の認識行為に適用することが拒否されているところなどがそうである。ドゥンス・スコトゥスによると、神は事物を自分の欲するとおりに認識するのであり、事物が存在するのは存在するよう神が欲しているからであって、事物によって存在するよう強要されているわけではない、というのだった。[18] オッカムにとっても、事物についてのもろもろの思念は神においてはなんらの実在性ないし客観性(あるいは、スコラ学者たちが言うところの「基体性」)をもたないのであって、それらは神によってそれらの産出可能性にしたがって認識されたものにほかならず、それらが神知によって思考可能なものとなるのはそれらの産出可能性にかかっているのだった。[19] しかし、ヴィーコにとっては、問題となるのは、たんに製作が認識に先行するのか、それとも認識が製作に先行するのかといったことではなく、認識と製作の置換性ないし同一性にほかならないのである。

パオロ・サルピのつい最近公刊された哲学的覚書き[20]のなかには、——サルピはオッカム主義的な唯名論者であったとのことであるが[21]——つぎのような命題が出てくる。これはサルピの思想においてはなんらの帰結ももたらすことはないままにとどまっており、以後の展開のなかでもなんら受けいれられることなく終わってしまったため、彼の発見によるものではなくて、学校《スコラ》でつねづね言われていたことを反復しただけのものだろうと見る向きすらあるが、それだけに一考に値するものであると言ってよい。

《たしかにわたしたちは、自分で作るものについては完全な知識をもっているので、それらが存在することも原因もわかる。一方、経験をつうじて認識するものについては、それらが存在することはわかるが、原因はわからない。そこで、その原因についての推測をおこなって、ありうると思われる原因だけを探求する。しかし、ありうると思われる多くの原因のうちでどれが真の原因であるのかを確定することはできない。こういったことは天体理論を叙述するさいに起きる。また、時計をはじめて目にした者にも起こるのではないだろうか。推測をおこなう者たちのあいだで真理を知るのにもっとも近い立場にいるのは、機械の製作者のように、それに類似したものを作って別のものと比較してみることのできる者である。しかし、それでも(però)[22]、その彼でさえ確実な知識を得ることはけっしてないだろう。したがって、知る仕方には三つあることになる。第一は作るすべを知っていること、第二は経験をすること、第三はありうるものについての推測をおこなうことである》。

　事物の原因を知っているのはその事物を作る者であるというこの思想、そして神が事物の原因を知っているのは事物の創造者であるからであるというこの思想が、学校《スコラ》では広く流布していたようなのであった。こうして、この思想がたまたまフランシスコ・サンチェスの『不可知論』(一五八一年)のなかに、自明のことでもあるかのようにして見いだされるのも、説明がつく。そこでは、《自分が創造したのではないものを完全に知ることは不可能である。神でさえ、自分があらかじめ完全に知らないようなものを創造することはできないだろうし、かりに創造したとしてもそれを支配することはできないだろう》と言われている[23]。

　だが、そもそも、それを哲学者たちの著作や学校での講壇のなかに、たまたまの考察や哲学的連関を欠いた孤立した命題のかたちで探し求める必要があるのだろうか。それはむしろ、あるものを作った者は作らなかった者よりもその原因をよく知っている、と日々口にしている世人一般の日常的な思想に属するものではなかったのか。少し注意して見てみるなら、そのような考え方はたぶん多くのさまざまな書物のうちに見つけ出すことができるのではないかと思う。わたし自身、先日フライジングの司教オットー（一一一一―一一五七）の『クロニコンもしくは二つの国の歴史』を読んでいて、第三巻の序文において、その年代記作者が（知られているように、彼は聖アウグスティヌスの思想の支配下にあった）歴史における神の計らいの不可解さについての異議に直面して歩みを阻止され、つぎのような考察をこころみて窮地を脱しているのに出会った。

《それでは、わたしたちは何をすべきなのか。もし理解することがわたしたちにはできないのであってみれば、いったい何をわたしたちは黙して語らないでいるべきなのか。そのときには、だれがお上手口をたたく者たちに言い返し、攻撃をしかけてくる者たちを撃退するのだろうか。そしてわたしたちのうちにある信仰を打ち壊そうとする者たちを理性と言葉の力によって論駁するのだろうか。だから、わたしたちには神の秘密の計らいを理解することはできないのであるが、それでもしばしばこれらのことどもについて合理的な説明をあたえることを強いられるのである。どうしてなのか。わたしたちはわたしたちが理解していないこれらのことどもについても合理的な説明をすべきなのだろうか。説明することはわたしたちにもできる。だが、それはあくまでも人間にかんすることどもについてである。神にかんすることどもについてはわたしたちには理解することができないのであってみればである。このようなわけで、わたしたちが神学的なことどもについて語るときには、これらを表現するのに合致した言葉を持ち合わせていないために、人間であるわたしたちの言葉を用いるというようなことが起こるのである。そして、かくも偉大な神について人間の言葉でもって語るにあたっては、わたしたちはわたしたちの言葉をそれだけいっそう大胆に用いているのである。というのも、わたしたちはわたしたちが自分で作り出したものは知っているということを疑っていないからである（quo ipsum figmentum nostrum cognoscere non dubitamus）。じっさいにも、事物を作り出した当人以上にいったいだれがそれをよりよく知っているというのだろうか（quis enim melius cognoscit, quam qui creavit）[24]》。

このフライジングの司教の推論はいささか詭弁めいて見えるかもしれない。が、それが事物を認識するのはそれを作るものであるという格言に言及したものであるというのは、事実である。

しかしまた、ドゥンス・スコトゥス的な哲学のなにがしかの傾向やそれに関連したもろもろの散漫な言説からよりも、ヴィーコはたぶん彼の規準の確立のための刺激をルネサンスの哲学者たち、すなわち、彼が形而上学研究の黄金時代と評価していた時代の哲学者たちから受けとっていたのだった。その時代には、《マルシリオ・フィチーノ、ピーコ・デッラ・ミランドラ、二人とも同姓のアゴスティーノであったニフォとステウキオ、ジャコポ・マッツォーニ、アレッサンドロ・ピッコローミニ、マッテーオ・アクワヴィーヴァ、フランチェスコ・パトリーツィ》といった人々が燦然と光り輝いていた、とヴィーコは述べている[25]。

とりわけ、マルシリオ・フィチーノについては、ヴィーコは彼の学説をプラトンとプロティノスの学説に接近させてとらえていた[26]。そのフィチーノのまさしく『プラトン神学』と銘打たれた著作のうちに、ヴィーコは、神の知識の生産的性格がみごとに定式化され、それと幾何学者の知識との比較がなされているのを読むことができたはずであった。人間の技芸とは異なって(とフィチーノは述べている)、神の業《わざ》である自然は、その事物を内部から生き生きとした方法でもって産み出す。しかも、《幾何学者が地面の上に図形を描くときには彼の魂は塵に触れるが、それ〔自然〕は手やその他のなんらかの外的な道具によって物質の表面に触れることはしない。それでいて、それは幾何学者の知性が想像上の物質をその知性自身の内部から作り出すのと同じような仕方で(perinde ut geometrica mens materiam intrinsecus phantasticam fabricat)事を進める。幾何学者の知性が図形の性質をそれ自身の内部において考察するときには、図形の像を心のうちで思い描いてみる。そして、この像によって、なんらの造作も計らいもほどこすことなく想像的な精神(spiritus phantasticus)とでも称すべきものを形づくるのだが、これと同じようにして、神による自然の技芸の場合にも、なんらかの知恵がそれの所有する叡智を用いて、それに随伴している生命を賦与し駆動させる力そのものに自然の種子を植えつけるのである》(『プラトン神学』四・一)[27]。ヴィーコは、一六九九年の開講演説のなかで、《自然の製作者(naturae artifex)》である神を《いわば技芸の神（artium, fas sit dicere, Deus）》である人間の精神と対比させたとき、このフィチーノの一節を想起していたにちがいないのだった。また、『イタリア人の太古の知恵』のなかで、神を幾何学者に譬えたときにも、同じくこの一節を想起していたにちがいないのだった[28]。

だが、フィチーノだけでなく、ルネサンス期のほかの哲学者たちのうちにも、ヴィーコはこの種の思想に出会うことができた。なかでも、ジローラモ・カルダーノは、（結論こそヴィーコとは異なっていたけれども）神知と人知を対置し、人知を有限な事物に制限した（《なぜなら、理解はある点までは比例（proportio）によってなされるのであるが、無限のものと有限のものとのあいだにはなんらの比例も存在しないからである》）。そして、（のちにヴィーコがほとんど同じふうに言うこととなるように）もし《われわれが神を知ることができるとしたなら、われわれは神であるということになる》という理由で、人間が神を認識しうることを否定して、《わたしたちのものとは完全に異なる知識と理解様式、物体がその影よりもそうであるのに似て、よりいっそう真実で、よりいっそう堅実で、よりいっそう確固とした知識と理解様式、そしてまたわたしたちがどのような方法をもってしても知覚できないような原理》を要請するのだった。しかも、それらを要請しただけでなく、人間のいとなむ学のなかでも、自然の諸学とは異なって、事物の表面だけでなく、ほとんど事物そのものに到達することのできるひとつの学が存在するのを見てとるのだった。数学がそれである。《人間の霊魂は肉体のなかに置かれているので事物の実体に到達することができず、それらの表面を感覚の助けを得てうろつき回りながら、もろもろの尺度、行動、類似物、そして学説を検分している。しかしながら、知性が知識によって事物を作り出すときには、その知性の知識は、ある意味ではそれ自体がすでに事物である。それは、人間の知識のなかでも、三つの角の和は二直角に等しいという三角形についての知識が、実際上真理そのものと同一であるのと同じことである。したがって、明らかにわたしたちのうちには真の知識とは異なった種類の自然的な知識が存在しているのである[29]》。ここで提示されている神知にかんする定義、および自然学におけるのとは異なるふうにとらえられた数学における手続きにかんする定義のうちには、真の認識は思考とその対象との同一性のうちに存するという原理が含まれている。

　数学と自然学とを対立的にとらえ、数学は確実であるのにたいして自然学は不確実であるとする考え方は、ヴィーコの若いころにも、ナポリの哲学者や科学者のあいだで生きつづけていた。そして、トンマーゾ・コルネリオは彼の『プロギムナスマタ・フィシカ〔自然学予備演習〕』（一六六三年）の第一演習「哲学の方法について」のなかで、自然学において感覚に惑わされて生じる誤謬のかずかずを列挙したのち、こう述べている。《同様の誤謬に数学的観想が陥ることはけっしてない。というのも、数学的観想は、その像が心のなかに生じるにさいしてなんら感覚を経由することのないようなことどもを対象とするからである。じっさいのところ、数学者たちがその特性と類比関係を調べるところの図形ならびに数にかんしては、知性はそれらを感覚の助けなしに自分の力で思い描くことを十分適宜になしうるのである》[30]と。このコルネリオの述言は特筆に値する。というのも、ここでコルネリオがおこなっている数学ならびにそれと自然学との対照性にかんする省察こそがヴィーコが認識についての彼の一般理論を確立するにあたってもっとも間近に存在した刺激であったということは、大いにありうることであるからである。

じつをいうと、ヴィーコがおこなった研究のうち現存するもっとも古い文献であるラテン語の開講講演のなかでは、あちこちにフィチーノからの影響がうかがわれ、またデカルト主義も少なからず侵入しているものの[31]、くだんの一般的規準が支配した形跡はいっこうに見あたらない。それらのうち最後の講演である一七〇七年の開講講演になってようやく、数学と自然学の区別がなにがしか頭をもたげる。この区別のことは、その翌年、『われらの時代の学問方法について』のなかでは明言されて、《わたしたちが幾何学上のことがらを証明するのは、それらをわたしたちが作っているからである。もしかりにわたしたちが自然学上のことがらを証明できるとしたら、わたしたちはそれらを作っていることになる。しかるに、事物の本性を形づくる真の形相はただ至善至大の神のうちにのみ存在しているのである》という一般的規準の形態をとるようになる。そしてさらに一七一〇年、『イタリア人の太古の知恵』において十全な展開を遂げることとなるのである。

以上が認識にかんするヴィーコの学説のたぶん先例ではないかと思われるもの、あるいは不適切なメタファーを用いて通常言われているところによると、《源泉》である。その学説が形成されるにあたって、注意喚起がなされたような[32]アルノルト・ゲーリンクスの《知らないものはだれも作ることができない》という命題や、ニコラ・マルブランシュの《神だけが自分の行為をまえもって知っているので自分の作り出したものを知っている》という命題が効力を発揮しえたとは思えない（これらの命題のうちには実質上、聖トマスの古い学説が存在している）。これよりは、スピノザにおける《観念の秩序および連結》と《事物の秩序および連結》との同一性に想いを致して、スピノザに接近させるほうが、少なくとも理念的にはまだしも支持しうるだろう。一方、つぎのような指摘[33]は機知にとむが受けいれがたいのではないかと思う。その指摘によると、《デカルトの解析幾何学は幾何学的実体の研究に発生論的原理を導入したものであった》。それゆえ、verum ipsum factum の原理は《ヴィーコによって言明される以前にデカルトによって実践されていたと言ってよい》。そして、ヴィーコは『イタリア人の太古の知恵』において《デカルトの学問的実践を受けいれてそれを真なるものと作られたものとの置換可能性として定式化し》、《確実性の規準にまで》高めあげたというのだった。だが、いまの場合に問題となるのは、その方法の実践ではなくて、まさしく理論なのだ。実践としては、その方法はごくごく普通のものとして構想されたものであって、デカルトによって解析幾何学のなかで実践されていただけでなく、すべての人々によって、つねづね、あらゆる瞬間に、どんな思想を抱懐しているかにはかかわらず、実践されてきたのである。

　ヴィーコの規準の先例については、もしヴィーコが『イタリア人の太古の知恵』のために積み重ねてきた準備的研究についてもっと多くの情報が得られたなら、また一般に彼が若いころに書いた作品についての資料がもっと多く得られたなら、たしかにずっと確かなことがわかっただろう。そして、わたしがそうではないかと思われると断りつつ挙げてきた先例自体も、ことによると偶然見つかったというだけのものなのかもしれない。すなわち、それらはあくまでわたしがこねあげた報告であってヴィーコにとっては存在しなかったものなのかもしれず、また、ほかに偶然見つかっただけのものではない先例が知られないままに残っているか、わたしよりも幸運に恵まれたほかの研究者たちによって発見されるときがやってくるかもしれないのである。しかし、「先例」の探求はそれらにもとづいて生まれた新しい思想を説明することにはけっしてなりえないし、いわんや、その新しい思想の価値を低めることにはならない、ということはくりかえし強調しておいてよいだろう。それらの「先例」にかんする新しい情報は、一面では哲学史の知識を豊かなものにしてくれるとするなら、他面では、検証の対象にとりあげられた特定の思想にかんして、なんらの効力をも発揮することはないのである。哲学者の伝記のためには有益であるが、新しい理論の本来の意義を理解するのには役に立たないのであって、その意義は基本的に新しい理論が直面し解決をめざした新しい問題から引き出されるべきものなのである。

哲学史の場合にも、事情は文学史の場合と同様であって、それ以上でもそれ以下でもない。たとえば、トルクアート・タッソの『解放されたエルサレム』の第一八章におけるアルガンテとタンクレーディのエピソードの場合。アルガンテは、敵手と闘うことになる場所に立ち止まって、《物憂げに》、《苦悶の都》、十字軍の攻撃にさらされたエルサレムを振りあおぐ。そして、タンクレーディが乱暴な口調でからかって、おまえが逡巡しているのは怖じ気づいたためではないのか、とたずねたところ、こう答えるのだった。

思いを馳せているのだ、はるか古《いにしえ》の世の
女王たるユダヤの王国の都に。
いまやそれは敗れて崩れ落ちた。そして空しくも
おれは奮闘したのだ、宿命的な陥落の支えにならんとして。

この返答ないし叫びのうちに先例を指摘するのは容易である。妻のアンドロマケーから切り離されて、イリオスとプリアモスとその民〔トロイア〕全体の滅びる日が近いことを見てとったヘクトル（ホメロス『イリアス』四・四四八—四四九）や、トロイアの滅亡するありさまを目のあたりにしているアエネアス（ウェルギリウス『アエネイス』二・二九〇—二九二）など。それでも、アルガンテの悲劇的なメランコリーがまったく新しくタッソならではのものであることに変わりはない。

　フィチーノとカルダーノ、トンマーゾ・コルネリオ、ドゥンス・スコトゥスとオッカムなどが、ヴィーコの定式のあれやこれやの部分を先取りしたものとして挙げられてきた。また、いつの日か、それ以外にも何人か挙げられる人物が現われるだろう。それでも、彼らの提示した命題から『イタリア人の太古の知恵』とそれに続いて起きた論争に立ち戻り、そこで主張されている真の知識は真なるものと作られたものとの置換からなるという定義を読んでみるなら、それはわたしたちの前にまったく新しいものとして立ち現われてくるのである。じっさいにも、ヴィーコが直面していた敵対者と問題は、中世のスコラ学者や唯名論者や神秘思想家、そしてまたルネサンス期のプラトン主義者や自然主義者たちが直面していた敵対者や問題ではなく、ほかでもなく、デカルトであり『方法叙説』であった。そして《事物を作る者だけが事物を認識する》という古くからあった言葉が新しい重要性と意義（すなわちその本来の意義）を受けとるのは、それがデカルトの《わたしは思考している、ゆえにわたしは存在する》という命題ならびに直観的認識の学説を論駁するのに役立つからなのであった。いずれにせよ、ヴィーコはさびついた古鉄から切れ味の鋭い光り輝く武器を作りあげたと言ってよいのだった。そうした理由から、その言葉はまた、もはや、なにか事のついでにたまたま口にされただけのものではなくて、特別の論述に値するものであり、新しい哲学の基礎をなすものなのである。そしてヴィーコはその言葉を他の者たちから引き出してきたものとしてではなく、彼自身で省察し確立したものとして論じることを十分にやってのけることができたのであった。それでもなおなんらかのモデルを見いだしたいと考えたときには、彼はひとつの物語をこねあげるのだったが、その物語たるや、一篇のちっぽけな神話と言ってよいたぐいの物語なのであった。「イタリア人の太古の知恵（antichissima sapienza italica）」というのがそれである。それはその規準を至上の案内人として有していて、ラテン語のなかに“verum”と“factum”の同義的使用というかたちで痕跡をとどめているというのだった。

　デカルトの規準にたいする論駁は（これはフランチェスコ・デ・サンクティスの眼には《完璧》で、《批判の最後通牒》のように映ったのだったが[34]）、ヴィーコ認識理論の消極的な〔否定的な〕側面である。積極的な〔肯定的な〕側面は『イタリア人の太古の知恵』においては欠如していて、知られているように、『新しい学』のなかで、人間の精神と歴史にかんする人間的な知識を神的な知識の地位にまで高めあげることによって展開される。そして、一部の批評家のなかにはヴィーコ思想のこれら二つの段階のあいだに存在する明らかなギャップを認めまいとする者がいるばかりでなく、一方から他方への移行はいとも易々となされたかのように語る者もいるので、その移行は、そのことをヴィーコ自身はかならずしもつねに十分自覚していたわけではないにしても、たしかにきわめてゆっくりとした足取りでなされたものであり、苛烈をきわめたものであったということを注記しておいてもよいだろう。それというのも、かつてはヴィーコ自身も歴史にたいするデカルトとマルブランシュの軽蔑しきった態度に加担していたのだった。一七〇一年の開講講演では、つぎのように述べて、デカルトの文献学者批判をおうむ返しに反復することとすらしていた。

《文献学者よ、きみはローマ人の使っていた陶器類や身につけていた衣服をなんでもすべて知っており、ローマの街区や住民や道路のことをきみの町のことよりも正確に知っていると言って自慢している。しかし、なにをもってそんなに得意満面になっているのか。きみはローマの陶工や料理人や靴職人や伝令や布告役人が知っていた以外のことはなにも知らないのだ[35]》。

だが、十一年後、『イタリア文人雑誌』への第二の答弁のなかでは、同じモットーを素材にして正反対の判断がくだされる。《今日では、ラテン語を知っているからといって、それはキケロの下女でも知っていたこと以上のことを知っていることにはならない、と言ってのけたデカルトの権威ある発言にもとづいて、人々は言語を研究してみてもなんの役にも立たないとみなすようになっている》ことが慨嘆されているのだ。[36] その間、ヴィーコは歴史と政治の《蓋然的な》認識のもつ重要性を自覚するにいたっていた。『普遍法』の第二部『法律家の一貫性』の後半部「文献学の一貫性」のこれまでほとんど注目されてこなかった一節のなかでは、ヴィーコは彼のかつての反歴史的デカルト主義に言及しながら文献学についてつぎのように述べている。すなわち、《わたしはこれまでずっと記憶よりも理性を使用することのほうを好んできたので、文献学において多くのことを習得すればするほど、どうやらそのぶん、多くのことに無知のままでいるようであった。だから、ルネ・デカルトとマルブランシュが文献学にあまりにも長時間かかずらっているのは哲学者には似つかわしくないと言っていたのは、けっして向こう見ずなことではなかったのである》と。しかしまた、急いで付け加えているところによると、彼は《これら二人のいとも尊敬すべき哲学者が彼らの哲学者としての私的な栄光のためでなく、共通的なキリスト教徒の名において研究していたなら、彼らは文献学の研究を推し進めて、文献学を哲学の原理にまで呼び戻すことができないかどうかを検証していたにちがいない》ことに気づいたという。[37] 文献学を哲学にまで高めあげること、人間の世界についての知識を神の知識にまで高めあげること――ここにこそ、『新しい学』において展開されるヴィーコ認識理論の積極的な形態がある。そして、この形態へ向かってのほんのちっぽけな一歩を『イタリア人の太古の知恵』はデカルト主義にたいして歴史的認識の権利を要求することによって開始したのだった。

　このようなわけで、わたしがヴィーコ認識理論の第一の形態の独創性と重要性として指摘した三つの点のうち、二つの点、すなわち、デカルト的規準に反対して提出された認識の規準と、抽象的な認識に反対してなされた具体的な認識の擁護は、これまでなされてきた源泉の探求によってもなんら独創性を汚されることはないままに残っているだけでない。源泉の探求の結果、かえって独創性は強化されると言ってよいのである。

　残るのは、わたしが指摘してきた点のうちの第三の点である。すなわち、数学の任意性にかんするヴィーコの理論がそれである。この点でのヴィーコの独創性についてもいくつもの異議申し立てがなされてきた。しかし、それらはわたしがこれまで検討してきた異議申し立て以上に根拠が薄弱であるように思われる。

　ヴィーコ以前に、数学の基礎をなす算術の〈一〉と幾何学の〈点〉が非実在的なものであり、フィクティオーネス fictiones〔擬制〕であるという学説を唱えた者がいただろうか。また、これにもまして大切なことであるが、たまさか口にされただけの言でもなければ、垣間見られただけに真理でもなくて、十分に意識しつつ思考された概念としてこのことを唱え、そこから数学の限界についての当然引き出されてしかるべき帰結を引き出し、数学には精神と自然と歴史の現実的な認識を提供する能力がないことを明言した者がいただろうか。

中世をつうじてつねに反復されてきたのは、数学についてのアリストテレスの理論であった。その理論は数学を諸学のなかでもっとも堅実な学であるとみなしてきたが、それは数学がすべての学のうちでもっとも単純な学であり、可感的事物のうちに可感的なものとしてではなく存在している可知的な質料（アリストテレス『形而上学』一〇三六a）からは抽象されていないものの、あらゆる可感的な質料からは抽象されているからであった。カッシオドルスの範例にならって、数学は自然学や神聖学からは区別された学理的（doctrinalis）な学のグループを形成していた。アルベルトゥス・マグヌスは、アリストテレスふうに、数学的実体を《存在をつうじては結びついている》可感的質料から《ファンタスマとして》、《存在にしたがって》ではなく《理性にしたがって》分離されうる、というように定義していた。そして聖トマスは、数学は《それが考察する対象から分離されてはいないにもかかわらず、それらを分離されたものであるかぎりにおいて考察する》と述べていた。[38] ここでは、数学の基礎が任意的なものであるのではないかとの疑念はなんら生じてはいない。ダンテは、《わたしたちの力にけっして従わないもの、わたしたちが観想することはできるが実践的に働きかけることのできないもの》を指示しようとしたとき、《数学、自然学、神学》を列挙していた。[39]

古代人のもとでもつねに変わらず数学は称讃されていたわけではなかったが、古典古代の研究が再生したルネサンス期には、それ以上に、数学にたいする評価は時と場合によって称揚されたり制限がくわえられたり低下したりとさまざまであった。ブルーノは数学の濫用を諷刺して、自然学の知識がなくては《計算したり計測したり計量したり踏査したりすることができるからといって、それは才気ある狂人の暇つぶしでしかない》と言っていた。そして数学的な《記号》と現実の《原因》を混同しないよう警戒を呼びかけていた。《反射光線と直射光線、鋭角と鈍角、垂線と投射線と平面、大きな弧と小さな弧、かくかくしかじかの形状、これらはあくまでも数学上の状況であって自然界における原因ではない。幾何学でもって遊ぶことと自然でもって検証することとは異なる。火の温度を加減するのは線や角度ではなくて、位置の遠近であり、滞在期間の長短なのである》[40]。カンパネッラは、真っ向からアリストテレスに反対して、数学が自然学に優位することを否定していた。彼によると、数学の純粋性なるものは弱さ（debilitas）にほかならず、単純であるということは多くのものを受けいれる（plura accipere）能力がないことを意味しており、普遍的であるということはいつの場合にも個別的なものについての知識である真の知識に背反するものでしかなく、またその証明手続きたるや、記号による（per signum）ものであって、原因による（per causas）ものではない。こうしてまた彼は言うのだった。数学は自分一人だけで探求をおこなうことのできるような学ではないのであって、《自然学上の事物に適用されるのでないとしたら》なんの役にも立たない、と[41]。ベーコンもまた、数学はそれ自体としてはなんの役にも立たないのであって、自然学の補助学（scientia auxiliaris）、大いなる付録（appendix magna）としてのみ有用であるという見解を抱いていた[42]。数学の有効性についてのこれらの定義からは数学がまったく道具的で実用的な性格のものであるという帰結が引き出されてもよかったはずであった。しかし、わたしが知るかぎり、そのような帰結は掘り起こされなかった。そしてベーコンですらも数学をそれ自体としてはあまりにも理論的にすぎる学、実践的にはなんの役にも立たない理論的な学であるとみなしていた。彼はいま引いた箇所でこう続けている。《人間の心の性質は（そのために知識がこのうえなく大きく損なわれるのであるが）、なんら拘束するもののない広々とした平原のような一般的なものを森や囲い地のような個別的なものよりも喜ぶようにできている。だから、そうした放埒で瞑想的な欲求を満足させるのに数学ほど好ましく悦ばしいものはなにもないのである》。

数学の遂行する「製作行為」ということにフィチーノ、カルダーノその他が触れたとき、それが意味していたのは、数学は物質的な前提からまったく自由な知的生産の行為であるということであったが、だからといってそれは真理性において劣る面があるということを意味するものではなく、それどころか、それだけいっそう高い真理性をもつというように理解されていたのだった。デカルトとその追従者たちのうちに見られるのも、ほぼ同じ理解であった。ジョン・ロックは、幾何学者の知性のうちに存在する原型に対応するような図形は自然界には存在しないということは認めながらも、数学的真理は実在的なものであると主張していた[43]。そして、ライプニッツはこのくだりを注釈して、正義や節制の観念が《わたしたちの発明したものでないのは、円や四角形の観念がそうでないのと同じである》と述べていた[44]。自然学と数学の対立にかんする言葉を報告しておいたトンマーゾ・コルネリオは、彼もまた、数学は《いわば知識の基礎として人間の知性の本性に植え付けられている概念ないし思惟のようなもの》に立脚していると考えていた[45]。

ヴィーコの言う製作（"fingere"）とよりいっそう大きな類似性があるかにみえる数学のもうひとつ別種の「製作行為」については、アリストテレスの『形而上学』の、少なからぬ効果をもった箇所で論じられている。

《幾何学的図形の意味が解明されるのも、それらを現勢化することによってである。すなわち、それらを分析してみることによってである。したがって、もしすでに分析されていたなら、それらの意味は明らかになっていただろうが、いまのところ、それらはまだ可能態においてあるにすぎないのである。なぜ三角形の内角の和は二直角に等しいのだろうか。それは、一つの点をめぐる角の和が二直角に等しいからである。その理由は、〔この点に対面する〕辺に平行する線を〔この点から〕上のほうに引いてみたなら、これを見る者にただちに明らかとなるだろう。なぜ半円においてその直径の上に立つ角は直角であるのだろうか。〔ここでもまた〕三つの線、すなわち、底辺をなす二つの線と中心から垂直に立てられた線とが等しいなら、その理由はこれを見る者には、さきのこと〔三角形の内角の和が二直角に等しいこと〕を知っておりさえすれば、明らかである。このようなわけで、可能態においてある図形の意味が解明されるのは、それらを現勢態にまで導き出すことによってであるというのは、明白なことなのである。なぜなら、〔導き出す幾何学者の〕思惟はすでに現勢態であり、そして可能態は現勢態から出てくるからである。だから、人は〔ある図形を〕みずから作る〔作図する〕ことによって〔その意味を〕認識するのである》(訳注)(『形而上学』一〇五一a)。

しかし、これらの考察はアリストテレスがその同じ箇所で提供している可能態と現勢態の概念についての説明と結びついている。そして、数学は可感的質料のうちに潜りこんでいる可知的質料を探求するという彼の理論となんら対立するものではなく、ただ可能態においてある真理と現勢化された真理とのあいだに存在する相違を説明したものであるにすぎない。

同様にして、その後もときどき、数学的真理は「作る」ことによって証明されるのであり、問題は解決されるのだという主張に出会うこととなる。たとえば、サルピはさきに引いた箇所でつぎのように書いていた。

《数学においては、それを構成している要素を人が認識するのは、それらを人が作るからである。また、それを分解する仕方を人が学ぶのは、それがどのように作られているのかを人が探りあてるからである。したがって、構成の仕方は着想の選択にかかわる部分(inventiva)に属しており、分解の仕方は論弁的な部分（discorsiva）に属している。すなわち、前者は問題についてのものであり、後者は定理についてのものなのだ。定理はすべて分解することによって証明されるのであり、問題はすべてその要素を構成してみることによって解決されるのである[46]》。

同じくまた、最近のことであるが、ヴィーコの数学の哲学はそっくりそのままガリレオとガリレオ学派のうちに見いだされる、という主張がなされている[47]。これはまた仰天すべき報せというほかない。というのも、ヴィーコは、ガリレオが自然学に数学を導入するにあたっては抑制の利いた使い方をしているということで、ガリレオをデカルトに対置し、デカルトよりも好ましく思っていたことは事実であるにしても、ガリレオにとっては、レオナルド・ダ・ヴィンチにとってもそうであったが、数学は客観的な価値を有しており、自然の書物は数学的記号と幾何学的図形によって書かれているというのも、たしかなことであったからである。いずれにしても、この件にかんしてさきに引用しておいた人知と神知との内包的同一性にかんするガリレオのくだりは、いまの場合にはまったく資するところがない。また、《用語をどのように説明するかは自由である。製作者が関係する事物をどのように限定し定義するかはそれぞれの製作者の権限のうちにあるのであって、限定ないし定義の仕方によってなんらかの誤謬に陥ることはけっしてありえない》とか、それゆえ、たとえば舵を「拍車」と呼んだり、拍車を「舵」と呼んだりしても、いっこうに差しつかえないというのは、自明のことであって、弁をたくましくして論戦を挑んでいるページのなかに組み込まれているのでなかったとしたなら、わざわざ口にするにも値しないことであっただろう。[48] 論戦をしかける場合には、しばしば、自明のことをくりかえし口にすることを余儀なくされるものなのだ。そして、このわたしのしかけている論戦も、残念ながら、そのなんらかの手本を提供することとなっているのである。

ガリレオの弟子、エヴァンジェリスタ・トリチェッリの『アカデミー講義』には、自然学的定義と数学的定義の違いについて論じた一節がある。そして、こちらのほうが、一見したところではより説得的であるようにみえる。しかし、右に注意をうながしたばかりのコラムニスト[49]は、《ヴィーコが彼を読んでいたのは疑いがない》と主張しているが、これは先走り過ぎである。じっさいには、疑いもなく、ヴィーコは彼を読んではいなかったのだ。というのも、トリチェッリの『アカデミー講義』がはじめて公刊されたのは没後の一七一五年であったが、[50] 数学にかんするヴィーコの理論は一七〇八年の『われらの時代の学問方法について』と一七一〇年の『イタリア人の太古の知恵』において開陳されているからである。そのうえ、こうした事実は二次的な重要性しかもたない。というのも、ヴィーコはトリチェッリの学説についての情報を、トリチェッリ自身の別の著作や、ナポリでのトリチェッリの弟子や友人からも、間接的に受けとることができたかもしれないからである。いずれにしても、自然学的定義と数学的定義の相違にかんするトリチェッリの理論をヴィーコが知らなかったとしても、それがほんとうにヴィーコの理論と同一のものであったのなら、両者のあいだの理念的な関係は大いに注目すべきことと言ってよいだろう。だが、あいにく、わたしの見るかぎり、その批評家はトリチェッリの問題の箇所についての読み方と解釈の仕方でも先走り過ぎているようなのである。

問題の箇所というのはクルスカのアカデミーで読まれた「軽さについて」という講義であるが、そこでトリチェッリは《真ん中に向かうことを本性としているものは重たい》というアリストテレスの『天について』の定義をたんなる見かけだけにもとづいたものであって事実と推論によって確証はされていないとして論駁しようとしている。

《この点にかんしては自然学の定義は数学の定義とは異なっている。というのも、自然学の定義はそれらが定義する事物に合わせて調整することを余儀なくされるが、数学の定義のほうは自由で、定義する幾何学者の思いどおりに形成することができるからである。理由はきわめて明白である。自然学において定義される事物は定義とともに生じるのではなく、定義される以前にすでに存立しており、定義に先立って自然のうちに見いだされる。したがって、もし定義が定義の対象に正確に適合しなかったとしたなら、その定義はまずいということになるだろう。しかし、幾何学すなわち抽象の科学によって定義される事物は、知性の世界のなかで定義がそれらに授けるものを除いては、現実の世界のうちになんらの存在ももたない。このようなわけで、数学におけることどもは、それらにかくかくの定義があたえられたなら、その定義そのものと同時にきっかり、しかじかのかたちで生じるのである[51]》。

ここでは数学の任意性がはっきりと主張されているようにみえるかもしれない。だが、判断をくだすのは少しばかり留保して続きを読んでみるとよい。《もしわたしが「円は四つの等しい辺と四つの直角とからなる平面図形である」と言ったとしても、定義そのものとしては、それはわたしにとってべつに間違った定義ではないかもしれない。しかし、その場合には、わたしの本の残りの部分でもすべて、わたしが「円」と名づけるときには他の者たちによって正方形と言われてきた図形のことを指してそう呼ぶ必要があるだろう。自然学において「馬は理性的動物である」と言う者がいたとしたなら、その者を「馬」と称して悪いわけがあるだろうか。だから、まずは馬が理性的動物であるか否かを入念に調べてみることである。そして、そのうえで、彼が馬であるかどうかを定義することだ。こうして、自然学における定義が定義される対象に適合したものであって、欠陥のある定義のうちには数え入れられることのないようにするべきなのである》。ここでは、深遠な思想であるように思われたものがごくありふれた言わずもがなのことがらに転化してしまっている。舵に「拍車」という名前をあたえ、拍車に「舵」という名前をあたえても、いっこうに差しつかえない、とガリレオは言った。そしてトリチェッリも言っている。正方形に「円」という名前をあたえ、円に「正方形」という名前をあたえても、いっこうに差しつかえない、と。もっとも、さすがにトリチェッリは、馬を「理性的動物」と呼んでもいっこうに差しつかえないとは思っていない。しかし、この留保も、彼がさらに進んで、自然学における名称の任意性をなんらかの仕方で認めるのをさまたげはしていない。じっさいにも、彼はこう述べている。《したがって、下方に向かおうとする本質的な原理が地上に存在するということは論証されないのであるから、もしテクストが許してくれるなら、わたしはこの定義をごく簡単に名前を定立したにすぎないものとして受けいれようと思う。そして、「存在する」という動詞を「呼ばれる」という動詞に変更して、定義をつぎのようにわたし自身の要求するところに合わせたいと思う。「中心に向かって下降していくものが重いと呼ばれる」と。つぎに、だれか「地球は重い」と言う者がいた場合には、そのことにわたしも同意するだろう。ただし、それは「重い」という言葉がもっと軽い媒体のなかを下降していくということをしか意味していないかぎりにおいてのことである[52]》。

このようなわけで、自然学と数学とのあいだには純然たる違いが存在するという最初の主張は、続くくだりでは少なからず不分明なものになってしまっているように思われる。じっさいのところ、トリチェッリが彼の講義のひとつ、「数学礼讃」において、まったくガリレオ的につぎのように述べているのをみるなら、どうしてまた彼が数学の基礎をなしているのは「擬制」であるなどということをまじめに考えることができたというのだろうか。そこでは、こう述べられているのである。《世界と呼ばれるこの大いなる身体を構成している部分と四肢を寛大な想いをもって知ろうとする》者たちは、《宇宙の偉大な書物、すなわち、そのページをたどっていけば神によって書かれた真の哲学を学ぶことができるにちがいない書物を読むためには、数学が必要である》こと、また、《宇宙の書物のうちに記されている神的な哲学の大いなる手稿を読むさいに用いられる唯一のアルファベットと文字は、人々が幾何学原論のうちに見ているあのみすぼらしい図形以外のなにものでもない》ことに気づくだろう、と。[53] ここではせいぜい、最初に引用した命題のうちに、自然学の真理と数学の真理と呼ばれているものとのあいだには深い相違が存在することについての不確かな予感のようなものが見いだされるにすぎない。

　結論として、わたしの主張してきた三つの点のうちの第三の点にかんしても、これまでに指摘されてきたもの以上に明確な「源泉」が見つからないかぎり、ヴィーコの数学概念の独創性にかんする判断を変更する理由を見いだすことはないのである。その独創性は、ヴィーコが彼の数学理論から哲学の方法のために大いなる帰結を引き出していることからも確証される。なぜなら、よく知られているように、素材面では他の者たちからとってきたものは不活性で不毛なままにとどまっているとしても、独創的な思考はつねに活性的で豊かな成果をもたらす思考でありつづけているからである。

（1）Benedetto Croce, *La filosofia di Giambattista Vico*（Bari, 1911）.

（2）Friedrich Heinrich Jacobi, *Von göttlichen Dingen und ihrer Offenbarung*（1811）, in WW., III, pp. 351-54.

（3）Franz von Baader, *Vorlesungen über religiöse Philosophie*, in WW., I, 195; *Vorlesungen über speculative Dogmatik*, in Werke, IX, 106.（後出 Karl Werner, *G. B. Vico*, p. 324 に引用されている）

（4）Jaime Luciano Balmes, *La filosofia fondamentale*, versione italiana dallo spagnolo（Napoli, 1851）, libro I, capp. 30-31.

（5）Giovanni Maria Bertini, "Storia critica delle prove metafisiche di una realtà sovrasensibile," *Atti della Reale Accademia di Torino*, vol. I, pp. 640-41.

（6）Wilhelm Windelband, *Geschichte der neueren Philosophie*（1871）――第5版の I, 23 を参照。

（7）Karl Werner, *G. B. Vico als Philosoph und gelehrter Forscher*（Wien, 1881）. よく知られているように、ヴェルナーには、聖トマス、ドゥンス・スコトゥス、後期スコラ学、スアレス、アウグスティヌス主義、唯名論、等々にかんする著作がある。

（8）Th. Neal（Angelo Cecconi）, "Vico e l'immanenza," *Cultura contemporanea*, a. III（1911）, fasc. 7-8, pp. 1-24.

（9）『神学大全』一・五・一、一・二一・一―二参照。

（10）Giambattista Vico, *Prima risposta al Giornale dei letterati*, in *Opere*, ed. Ferrari（Milano, 1835-1837）, II, 117.

（11）Balmes, op. cit. et loco cit.

（12）Giambattista Vico, *La Scienza nuova seconda*, ed. Nicolini（Bari, 1911）, I, pp. 187-88.〔上村忠男訳『新しい学』1（法政大学出版局、二〇〇七年）、二〇二ページ［三四九］〕。

(13) Ibid., p. 188.〔同右〕

(14) Bertrando Spaventa, *Scritti filosofici*, ed. Gentile (Napoli, 1900), pp. 383-87; *Esperienza e metafisica*, ed. Jaja (Torino, 1888), pp. 218 seqq.

(15) 引用箇所へのジェンティーレの注記参照。

(16) Giambattista Vico, *L'autobiografia, il carteggio e le poesie varie*, ed. Croce (Bari, 1911), pp. 4-5.〔西本晃二訳『ヴィーコ自叙伝』(みすず書房、一九九一年)、六ページ〕——ヴィーコは唯名論者であって、『新しい学』の偉大な発見も彼の唯名論に由来するという、Fritz Mauthner, *Beiträge zu einer Kritik der Sprache* (Berlin, 1901), II, 497-98 の主張はまったく恣意的なものであって、著者はヴィーコの自伝に依拠したと言い張っているが、これも読み間違いである。

(17) Vico, *L'autobiografia* cit., pp. 5-6.〔西本訳、前掲、八ページ〕——ピエトロ・ジャンノーネも、一六九〇年ごろ、ドゥンス・スコトゥスのスコラ哲学を勉強している (Pietro Giannone, *Vita scritta da lui medesimo*, ed. Nicolini (Napoli, 1905), pp. 6-7)。

(18) Karl Werner, *Johannes Duns Scotus* (Wien, 1881), p. 76.

(19) Karl Werner, *Die nachscotische Scholastik* (Wien, 1883), p. 82.

(20) Paolo Sarpi, *Scritti filosofici inediti*, ed. Papini (Lanciano, Carabba, 1910).

(21) 同右パピーニ版についてのジェンティーレの *Critica*, VIII (1910), 62-65 における指摘を参照されたい。

(22) パピーニ版では“po.”となっている。しかし、パピーニ版が依拠しており、わたしもじかに参照する機会を得たヴェネツィアの国立マルチァーナ図書館所蔵の手稿では、ここは略字になっていて、“però”と読める。

(23) Francisco Sánchez, *Opera medica* (Tolosae Tectosagum, 1636), p. 110.

(24) Ottonis episcopi Frisingensis, *Opera*, ex recens. R. Wilmans, I, *Chronicon* (Hannoviae ed. 1867), pp. 118-19.

(25) Vico, *L'autobiografia* cit., p. 21.〔西本訳、前掲、三七ページ〕

(26) Ibid., p. 25.〔西本訳、前掲、四六ページ〕

(27) Marsilio Ficino, *Opera* (Basilea, 1561), I, 123. このフィチーノの一節は、ジェンティーレによって、彼の重要なモノグラフィー、*La prima fase della filosofia di G. B. Vico* (Napoli, Perrella, 1912), p. 8 (*Studi in onore di F. Torraca* からの抜き刷り) において引用され注釈がほどこされている。

(28) Cf. Gentile, *La prima fase* cit., p. 20.

(29) カルダーノの『永遠なる事物の秘儀についての論考』第四章および『繊細な事物』第一一巻、第二一巻に出てくるこれらの箇所については、Francesco Fiorentino, *Bernardino Telesio ossia studi storici su l'idea della natura nel risorgimento italiano* (Firenze, Le Monnier, 1872), I, 212-13 において引用され注釈がなされている。著者はカルダーノの述言とヴィーコの規準とのあいだに近しいものがあることを見落としてはいない。

(30) Tommaso Cornelio, *Progymnasmata physica* (Neapoli, MDCLXXXVIII), p. 60, p. 70 も参照されたい。

(31) Cf. Gentile, *La prima fase* cit.

(32) A. Pastore, recensione di B. Croce, *La filosofia di G. B. Vico*, in *Giornale storico della letteratura italiana*, LVIII (1911), 400-02.

(33) A. A. Zottoli, "Giambattista Vico," in *Cultura*, XXX (1911), 422-23.

(34) Francesco De Sanctis, *Storia della letteratura italiana*, ed. Croce (Bari, 1912), II, 291.

（35） Giambattista Vico, *Cinque orazioni latine inedite*, ed. Galasso（Napoli, 1869）, p. 28.

（36） Giambattista Vico, *Seconda risposta al Giornale dei letterati*, in *Opere*, ed. Ferrari, II, 166.

（37） Giambattista Vico, *De constantia iurisprudentis*, pars posterior: De constantia philologiae, in *Opere*, ed. Ferrari, III, 232.

（38） Cf. Joseph Mariétan, *Problème de la classification des sciences d'Aristote à St. Thomas*（Paris, 1901）, pp. 80, 168-69, 182-83, 185-86.

（39） ダンテ・アリギエーリ『帝政論』一・二。

（40） Giordano Bruno, *La cena delle ceneri*（1584）, in *Opere italiane*, ed. Gentile（Bari, 1908）, I, 62, 107-08.

（41） Tommaso Campanella, *Logicorum libri tres*, II, art. 7-10, in *Philosophiae rationalis pars secunda*（Parisiis, 1637）, pp. 433-37.

（42） フランシス・ベーコン『学問の尊厳と進歩』三・六。

（43） ジョン・ロック『人間知性論』四・四・六。

（44） ライプニッツ『人間知性新論』四・四。

（45） Cornelio, op. cit., p. 64.

（46） Sarpi, *Scritti filosofici* cit., p. 7.——サルピは、*Arte di ben pensare*〔よき思考の術〕の一節（*Scritti* cit., p. 72）でも数学の問題に立ち戻って、数学の場合には《様式と命題》が他のもろもろの認識の場合よりも多く露わになっているので疑念が少ないという点では意見をともにしながらも、《それもまた〔他のもろもろの認識の場合と〕同じようなふうにして作られるので、〔それの明らかにする真理も〕完璧な真理ではないのではないかとの疑いがないわけではない》と述べている。しかし、ここで彼が言及しようとしているのは、明らかなように、あくまでも数学の実際的な応用、すなわち、自然的な事物を数えたり測ったりすることにかんしてのことである。彼は書いている。《つぎのことだけはたしかである。わたしはリンゴを食べて感じた効果を「甘い」と名づけるのと同じようにして、自然的な事物を数え、また論弁する。だが、もしこの効果が感覚の対象や性向からやってくるのだとしたら、この場合には誤りを犯しているかもしれないのである。そして、数と尺度がどこに向かうのかはわからない。というのも、わたしたちがそのように数えたり測ったりしているのだということ、わたしたちにはそのような部分に等しいようにみえる尺度が時として入りこんだり採り入れられたりするのだということ、そして「等しい」というのは、そのときわたしたちに見えているものをわたしたちが表明するために採用するわたしたちの概念なのだということがわからなければ、それはわからないからである》。

（47） Giovanni Papini, "La novità di Vico," *L'anima*, settembre 1911, pp. 264-66. この文章をめぐっては、*Critica*, X（1912）, 56-58 のわたしの書評も参照されたい。

（48） パピーニはたぶん、このくだりを *Galileo Galilei: pensieri motti e sentenze*, a cura di Antonio Favaro（Firenze, Barbèra, 1910）, p. 303 から引いてきたのではないかと思われる。そこには、*Opere di Galileo Galilei*（edizione nazionale）, IV, 631 を見るようにとの指示がある。該当するテクストは *Considerazioni sopra il discorso del Colombo*（1615）である。

（49） Papini, art. cit., pp. 265-66.

（50） *Lezioni accademiche* di Evangelista Torricelli, matematico e filosofo del serenissimo Ferdinando II, Granduca di Toscana, lettore delle matematiche nello studio di Firenze e accademico della Crusca（in Firenze, MDCCXV）. この講義録が当時まで未公刊であったことは、編者の「まえおき」から判明する。

（51） Ibid., pp. 31-32.

（52） Ibid., p. 33.
（53） Ibid., p. 66.

（訳注）アリストテレス『形而上学』の本文中に出てくる幾何学図形の説明については、エウクレイデス『原論』第一巻定理三二および第三巻定理三一を見られたい。文中、「二つの点」とあるのは、図1のＣ点、「辺に平行する線」というのは三角形ＡＢＣの一辺ＡＢに平行にＣ点から引かれた線ＣＥを指す。また、「半円においてその直径の上に立つ角は直角である」というのは、図2において、半円の直径ＢＣの上に立つ角ＢＡＣが直角であることをいう。そして「三つの線」というのは、直径（すなわち底辺）ＢＣの中点Ｄで切られた二つの線分ＢＤとＤＣおよびＤ点から垂直に立てられた線分ＤＥのことである。

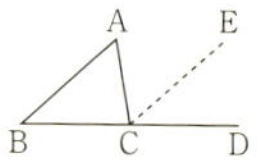

〔図1〕

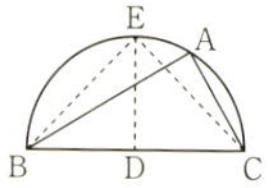

〔図2〕

編訳者あとがき

二十世紀前半期イタリアにおける新観念論的＝理想主義的潮流を代表する哲学者のベネデット・クローチェ（Benedetto Croce）は、同じくその潮流の代表者であるジョヴァンニ・ジェンティーレ（Giovanni Gentile）とともに、十八世紀ナポリの思想家ジャンバッティスタ・ヴィーコの研究者としても知られる。なかでも、クローチェが一九一一年に世に問うた『ジャンバッティスタ・ヴィーコの哲学（La filosofia di Giambattista Vico）』は、ヴィーコ研究史上まさに金字塔と呼ばれるにふさわしい著作であると言ってよい。

もちろん、ヴィーコが一七四四年一月にその主著『諸国民の共通の自然本性についての新しい学の諸原理』（通称『新しい学』）第三版の原稿を出版社に託したまま校正途上で世を去ってから、クローチェの著作が現われるまでの一世紀半あまりのあいだ、ヨーロッパの思想界はけっしてこのナポリの哲学者を忘却の闇の中に葬り去ってきたわけではなかった。

たしかに、ヴィーコは没後半世紀のあいだは同郷の者たちからもほとんどまともに取りあげられることはなかったようである。一方、ハーマン、ゲーテ、ヘルダー等にはヴィーコへの言及が見られるが、これらとてごく付随的な関心の域を出るものではない。また、モンテスキューの『法律の精神（De l'esprit des lois）』（一七四八年）やドイツの文献学者F・A・ヴォルフ（Friedrich August Wolf）の『ホメーロス序説（Prolegomena ad Homerum）』（一七九五年）には学の構想および所説の面でヴィーコのそれとのあいだに注目すべき類似点が認められるものの、影響関係となると定かでない。

そうしたなかで、立ちいった考察が見られたとすれば、それはむしろボニファチオ・フィネッティ（Bonifacio Finetti）神父の『かつては野獣であったとの非難を浴びている人類の弁明（Apologia del genere umano accusato di esere stato una volta bestia）』（一七六八年）に代表されるカトリック系の著述家たちにおいてであろう。ヴィーコは、ノアの洪水後、野獣的な放浪生活を送っていた異教世界の「最初の人間たち」がやがて文明生活をいとなむにいたった経緯を「神の摂理」の計画によるものというように解釈する。このヴィーコの摂理観のうちに彼らカトリック系の著述家たちは正統的理解にはそぐわないものを読みとった。ところが、ヴィーコのほうではそれを敬虔なカトリック信仰に鼓舞されたものであるかのように提示していた。それだけにゆるがせにできないものを感じたようなのであった。

しかし、十八世紀も末を迎えるころには、バスティーユの襲撃に新時代の幕開けを見てとって、みずからもまた来たるべき一七九九年の革命を準備しつつあったナポリの青年たちのあいだに、どういうきっかけからか、ヴィーコにたいする熱狂的な関心が沸き起こってくる。そして、この熱狂のなかから、やがて、古代ローマ史に範をとった政治体制の変遷をめぐるヴィーコの説明から示唆を得て「受動的革命」としてのナポリ革命の顚末についての透徹した批判を展開したヴィンチェンツォ・クオーコ（Vincenzo Cuoco）の『一七九九年のナポリ革命にかんする史論（Saggio storico sulla rivoluzione napoletana del 1799）』（一八〇〇年）や、ヴィーコの方法が歴史への社会科学的接近の可能性を示唆していることに着目した考古学者カタルド・イァンネッリ（Cataldo Iannelli）の『人間のことどもとその歴史の学の本性と必然性について（Sulla natura e necessità della scienza delle cose e delle storie umane）』（一八一八年）などが登場するのである。

　また、ナポリの革命家たちが革命の挫折後それぞれの亡命先でヴィーコのことを喧伝して回ったこともあってか、ヴィーコへの関心は外国でも高まりを見せ、ヴィルヘルム・E・ヴェーバー（Wilhelm Ernest Weber）やジュール・ミシュレ（Jules Michelet）による翻訳・紹介の仕事を介して、ドイツやフランスの学者たちの著作のなかにも明らかな影響の跡をあまた印しづけていくこととなる。ヴィーコのラテン語著作『イタリア人の太古の知恵』（一七一〇年）を読んで、そこにカントの認識理論とのあいだに密接に通じあうもののあることを指摘したヤコービ（Friedrich Heinrich Jacobi）の『神的事物およびそれらの啓示について（Über den göttlichen Dingen und ihre Offenbarung)』（一八一一年）のような著作があったことにも注目しておいてよいだろう。一八九六年にはジョルジュ・ソレル（Georges Sorel）が『社会生成（Devenir social）』誌に「ヴィーコ研究（Étude sur Vico）」を発表して、原始キリスト教史およびプロレタリア運動理論へのヴィーコの「再帰せる野蛮」（barbaria ritornata）論の適用をこころみてもいる。

　ただ、イタリアでは、いわゆるリソルジメント（民族再興）の運動の過程でそれを担った二つの主要な思想潮流、すなわち、アントニオ・ロズミーニ（Antonio Rosmini）とヴィンチェンツォ・ジョベルティ（Vincenzo Gioberti）に代表されるカトリック的イデアリズムの潮流と、ベルトランド・スパヴェンタ（Bertrando Spaventa）とフランチェスコ・デ・サンクティス（Francesco De Sanctis）という二人のヘーゲル派の哲学者に代表される合理論的イデアリズムの潮流の双方から、そしてまたカルロ・カッターネオ（Carlo Cattaneo）やジュゼッペ・フェッラーリ（Giuseppe Ferrari）らの実証主義者たちから大いに利用され、拠りどころとされたのちには、ヴィーコへの関心は急速に衰えてしまっていたのだった。

　このような沈滞を破るべく登場したのが、ほかでもない、クローチェの『ジャンバッティスタ・ヴィーコの哲学』なのであった。そして、このクローチェの著作は、なによりもまず、その論述のわたる範囲とテクストの読み込みの点で、これに先立ってそれぞれドイツとイギリスで出版された二つの研究、カール・ヴェルナー（Karl Werner）の『哲学者および博識なる研究者としてのジャンバッティスタ・ヴィーコ（Giambattista Vico als Philosoph und gelehrter Forscher）』（一八八一年）とロバート・フリント（Robert Flint）の『ヴィーコ（Vico）』（一八八四年）に優るとも劣らない包括性と実証的堅実さを具えており、ヴィーコ研究のアカデミックな意味における水準を一挙に高めあげるものであったのだ。

　そればかりではない。クローチェはこの著作を彼のいわゆる「精神の学としての哲学」の体系を展開しおえた直後に書いている。それも自覚的に自分の哲学とヴィーコの哲学との批判的対話としてである。そのために、クローチェの著作には彼自身の体系のみずみずしい精神がいきいきと脈打っており、テクスト読解の実証的堅実さにくわえて、思想書としてもきわめて個性ゆたかで緊張度の高い作品に仕上がっている。じっさいにも、クローチェの『ジャンバッティスタ・ヴィーコの哲学』が世に問われてから今日にいたるまで、ヴィーコを論じた文献はいまや膨大な数にのぼる。しかし、その思索の深度、思想書としての質の高さにおいてクローチェのヴィーコ論に匹敵しうるものとなると、ほんの算えるほどしかないのではないだろうか。わたしの知るかぎりでは、ヴィーコの思想的展開を実存的な苦闘のドラマとして読み解こうとしたエンツォ・パーチ（Enzo Paci）の『大森林（Ingens Sylva）』（一九四九年）と、ヴィーコにおける人文主義的教養思想と宗教意識との時としてするどく対立し矛盾しあう関係の軌跡を追求したアントニオ・コルサーノ（Antonio Corsano）の『ジャンバッティスタ・ヴィーコ（Giambattista Vico）』（一九五六年）ぐらいのものである。

＊＊＊

もっとも、解釈そのものはきわめてクローチェ的である。たとえば、ヴィーコの数学観について、クローチェはそこにおいて数学的概念の仮構性が指摘されている点をとらえて、それを基本的に唯名論の立場に立つものと解釈しているが、これなどもそのひとつである。ここには、数学的概念は実用的用途のための意志的構築物であって、純粋概念ならざる擬似概念（pseudo-concetto）であるとするクローチェ自身の数学観が濃厚に投影されているとみてよい。そして、このようなクローチェの解釈にたいしては、むしろ、数学とは本質的に製作的な学であるとしているヴィーコの理解を実験主義のほうに引き寄せてとらえようとする立場が当然にもあってよいだろう。ヴィーコが明言しているところによると、「新しい学」は幾何学的方法に準拠して進められるという。このヴィーコの述言の意味するところを的確に把握するためにも、おそらくはこちらのほうがより首尾一貫した解釈の可能性を開いてくれているように思われるのである。

ちなみに、この点では、ヴィーコ生誕三百年にあたる一九六八年を起点とする国際的なヴィーコ・ルネサンスの高まりのなかで登場したミュンヘン大学のシュテファン・オットー（Stephan Otto）やヘルムート・フィーヒトバウアー（Helmut Viechtbauer）らのこころみが注目される。彼らはとりわけ『イタリア人の太古の知恵』によって打ち出されたヴィーコの幾何学観が『新しい学』にいたっても変わらずに堅持されていることに着目しつつ、超越論的構成主義とでも呼ぶべき方向においてヴィーコを統一的に読み解いていこうとしている。

　またヴィーコは、「人類の共通感覚」（il senso comune del genere umano）を諸国民の創建者にかんする新しい批判術として利用することによって、文献学を知識の形式にまで高めあげる、と言明している。こう言明するとき、ヴィーコにはクローチェ自身が積極的に取り出した意味においての哲学と文献学との統一ということ以上のなにものか、すなわち、「永遠の理念的な歴史（una storia ideal eterna）」という一個の理念型の構築とこれにもとづく社会の経験的科学の確立という企図があったことをクローチェは認めつつも、こちらのほうには消極的な評価しかあたえていない。しかし、むしろ、この企図のほうが、さきのイァンネッリをはじめ、従来のヴィーコにたいする学者的関心のなかでは主として注目されてきた側面であったこと、そして、この関心の流れを汲んだところから、同じく一九六八年以降の国際的なヴィーコ・ルネサンスの高まりのなかで、レオン・ポンパ（Leon Pompa）の『ヴィーコ――「新しい学」の研究（Vico: A Study of the 'New Science'）』（一九七五年）のようなすぐれた研究が登場していることにも留意しておいてよいだろう。

だが、なによりも問題なのは、バロックについてのクローチェの否定的評価というか、無理解ぶりである。ヴィーコは典型的なバロック人であった。この事実自体はクローチェも認めている。ただ、このことを認めたうえで、クローチェはそのヴィーコにおけるバロック人的要素については否定的にしか評価しようとしない。

たとえば、ヴィーコがとりわけ重視している能力に《互いに遠く離れたことどものあいだに連関を見いだす能力》としてのインゲニウム＝インジェーニョがある。これは、マリオ・プラーツ（Mario Praz）も『十七世紀の図像にかんする研究（Studies in Seventeenth-Century Imagery）』（増補版一九六四年）において明らかにしているように、十七世紀バロックの時代にスペインとイタリアにおいて隆盛を誇った綺想主義（conceptismo〔スペイン語〕/concettismo〔イタリア語〕）の文学・芸術において重用されていた能力でもあった。その綺想主義にたいしてクローチェは嫌悪感を包み隠そうとせず、それを《もろもろの図像や言葉を巧妙に集めて結び合わせ、驚異を呼び起こそうとする》《芸術的邪道の一様式》であるとして切って捨てるのである。《詩的真実およびそこから湧き出てくる魅力を予期せざるものや驚愕させるもののもつ効果と取り違えていること》——ここに綺想主義のうちにひとつの典型的表現を見いだしているバロック的なものの特徴がある、というのだ。

しかしながら、これはどうだろうか。たしかに、クリスティーヌ・ビュシ＝グリュックスマン（Cristine Buci-Glucksmann）がバロック美学にかんする卓抜な試論『見ることの狂気（La folie du voir）』（一九八六年）のなかで指摘しているように、バロックの時代には《レトリックは狂乱し、幻惑、驚異、そして虚構的文学性の媒体と化す》。そしてヴィーコが彼もまたそのようなレトリックのバロック的狂乱に身を投じたなかで思索をつむぎ出しているというのも、事実である。しかしまた、「感覚的トピカ」（topica sensibile）論をはじめとして、『新しい学』におけるヴィーコの創見の多くがまさにそのようなバロック的狂乱のただなかにあって打ち出されているというのも、これはこれで疑いのないところではないだろうか。しかも、アッティラ・ファイ（Attila Faj）という比較文学者によると、そのヴィーコのバロック的な思考の文体にはアリストテレス的な二値的論理からは予想もつかないような新しい科学的発見の論理がはらまれているという。そうであってみれば、バロック人ヴィーコの秘めている可能性には少なからぬものがあるとみてよいのではないだろうか。

このバロック人ヴィーコのもつと思われる学問論的意義については、わたしも『ヴィーコの懐疑』（みすず書房、一九八八年）に収録してある論考「〈想像的普遍〉について――ヴィーコの詩的記号論」のなかで指摘し、『バロック人ヴィーコ』（みすず書房、一九九八年）において主題的に考察をこころみておいたとおりである。わたしのヴィーコ研究の成果とおぼしきものを回顧的に概観した『ヴィーコ――学問の起源へ』（中公新書、二〇〇九年）とあわせて参照されたい。

しかし、以上のような「偏り」もふくめて、クローチェの『ジャンバッティスタ・ヴィーコの哲学』はヴィーコ研究史上の金字塔として、一世紀近くを経た今日もなおその価値をいささかも減じることなく、わたしたちに多くのことを教示してくれているのである。

＊＊＊

本書は、このクローチェの『ジャンバッティスタ・ヴィーコの哲学』のうち、とくにヴィーコの認識理論について論じられている最初の二章――「ヴィーコ認識理論の第一の形態」ならびに「ヴィーコ認識理論の第二の形態」――と、一九一二年に発表された論考「ヴィーコ認識理論の源泉」、それに「ヴィーコの生涯と性格」について語った一九〇九年の講演を訳出したものである。〔 〕内の部分は編訳者による注記である。

翻訳にあたって使用したテクストはつぎのとおりである。

第1章　ヴィーコの生涯と性格について

“Intorno alla vita e al carattere di G. B. Vico,” *La Voce*, a. I, n. 43 (7 ottobre 1909) [Conferenza tenuta alla Società napoletana di storia patria in 14 aprile 1909], in: Benedetto Croce, *La filosofia di Giambattista Vico* (Bari, Laterza, 1911), appendice I, pp. 255-82.

第2章　ヴィーコ認識理論の第一の形態

"La prima forma della gnoseologia vichiana," in: Benedetto Croce, *La filosofia di Giambattista Vico* (Bari, Laterza, 1911), capitolo I, pp. 1-19.

第3章　ヴィーコ認識理論の第二の形態

"La seconda forma della gnoseologia vichiana," in: Benedetto Croce, *La filosofia di Giambattista Vico* (Bari, Laterza, 1911), capitolo II, pp. 21-35.

第4章　ヴィーコ認識理論の源泉

"Le fonti della gnoseologia vichiana," *Atti della Accademia pontaniana*, XLII (1912) (Memoria n. 6), in: Benedetto Croce, *Saggio sullo Hegel seguita da altri scritti di storia della filosofia* (Quinta ed.: Bari, Laterza, 1967), pp. 233-58.

また、R・G・コリングウッド（R. G. Collingwood）の英訳（*The Philosophy of Giambattista Vico*, London, Howard Latimer, 1913）ならびに青木巌の日本語訳（『ヴィコの哲学』、東京堂、昭和一七年〔一九四二年〕）も参照した。

なお、『ジャンバッティスタ・ヴィーコの哲学』の最初の二章は『思想』第七五二号（岩波書店、一九八七年二月）にもわたしと押場靖志による翻訳が掲載されている。ただ、この訳文にかんしては、今回本書に再録するにあたって全面的に手直しさせてもらった。

最後ながら、本書をこのようなかたちで日本の読者層に送り出すことができたのは、ひとえに、わたしの『ヴィーコ――学問の起源へ』を読んでクローチェのヴィーコ論に着目された未來社社長・西谷能英さんの熱意のおかげである。また編集作業は未來社編集部の高橋浩貴さんが担当してくださった。ここに記して感謝させていただく。

二〇一〇年一〇月

上村忠男

人名索引

アウグスティヌス（Aurelius Augustinus, 354-430） 115, 124
——主義 149
　ラテン教父の伝統にあっての最大の哲学者・神学者。『告白』、『三位一体論』、『神の国』などの著作がある。
アルベルトゥス・マグヌス（Albertus Magnus, 1200ごろ-1280） 138
　ドミニコ会士。アウグスティヌスに代表されるキリスト教的プラトニズムが支配していたなかにあって、アリストテレス思想を正当に評価した最初の神学者として知られる。トマス・アクィナスの師でもあった。
イァンネッリ（Cataldo Jannelli, 1781-1849） 6
　イタリアの文献学者・考古学者。『人間のことどもとその歴史の学の本性と必然性について』などの著作がある。
ヴィンデルバント（Wilhelm Windelband, 1848-1915） 112
　ドイツの哲学者・哲学史家。新カント学派のなかでも西南ドイツ学派の創始者で、人間の営みを価値の観点からトータルにとらえようとする「価値哲学」を提唱したことで知られる。哲学史的著作に『近世哲学史』などがある。
ヴェルナー（Karl Werner, 1821-1888） 113, 149
　オーストリアの神学者。中世ならびに16世紀の代表的なスコラ学者たちにかんするモノグラフィーがあるほか、とくにヴィーコにかんしては『哲学者および博識なる研究者としてのG・B・ヴィーコ』が有名。
オッカム（William of Occam, 1285ごろ-1347/49） 60, 121, 133
——主義 121-122
——派 60
　イギリスのスコラ哲学者。フランシスコ会士。「尊敬すべき準博士（Venerabilis inceptor）」と称された。主著は『論理学大全』。
オットー（フライジングの）（Otto Frisingensis, 1111-1157） 124-125
　ドイツ出身の司教。『クロニコンもしくは二つの国の歴史』などの著作がある。

i

カッシオドルス（Flavius Magnus Aurelius Cassiodorus, 485ごろ-580/582ごろ）　138

東ゴート王国の政治家・著作家。『神聖学・世俗学綱要』ほかの著作がある。

カパッソ（Nicola Capasso, 1671-1745）　26, 31

イタリアの著述家・法律家。ナポリ大学でヴィーコの同僚であった。

ガリアーニ（Ferdinando Galiani, 1728-1787）　37

イタリアの経済学者。『貨幣論』ほかの著作がある。

ガリレオ（Galileo Galilei, 1564-1642）　70, 74, 77, 119, 143-144, 146-147

――裁判　120

イタリアの科学者。望遠鏡による天体観測をつうじて地動説を主張。さらにプトレマイオスの天動説とコペルニクスの地動説とを比較した『天文対話』では潮汐論にもとづいて地動説を擁護。この著作の出版が契機となって、ガリレオへの異端審問が開始され、異端誓絶を余儀なくされる。晩年の著作『新科学論議』では、近代物理学の基礎となる数学的運動論を展開している。

カルダーノ（Girolamo Cardano, 1501-1576）　60, 127, 133, 140, 151

イタリアの数学者・自然哲学者。『アルス・マグナ』ほかの著作がある。

カンパネッラ（Tommaso Campanella, 1568-1639）　9, 139

イタリア・ルネサンスの哲学者。『太陽の都』ほかの著作がある。

キルヒャー（Athanasius Kircher, 1602-1680）　77

ドイツの哲学者・数学者。イエズス会士。結合法（組み合わせ技法）を駆使して世界の図像化をこころみたことで知られる。

グラヴィーナ（Vincenzo Gravina, 1664-1718）　103

イタリアの文学者・法学者。《アルカディア》を名乗るアカデミーの創設者の一人。『作詩法』のほか、法学関係の著作に『市民法の起源』などがある。

ゲーリンクス（Arnold Geulinx, 1625-1669）　130

フランドルの哲学者。デカルト派の一人。『徳論』ほかの著作がある。

グロティウス（Hugo Grotius, 1583-1645）　8, 88, 103

オランダの法学者・神学者・古典学者・歴史家・政治家。主著は『戦争と平和の法』。

コルネリオ（Tommaso Cornelio, 1614-1686）　128-129, 133, 141
ナポリ出身の生理学者・数学者・哲学者。南イタリアにおける17世紀「科学革命」の中心的推進者。『プロギムナスマタ・フィシカ』ほかの著作がある。

コンチーナ（Nicola Concina, ?-1725）　35, 37
イタリアのドミニコ会士。

コンティ（Antonio Conti, 1677-1749）　37
イタリアの修道士。ニュートンの推薦によってロンドンの王立協会の会員にもなっていたこともあって、ヴィーコの思想を大陸ヨーロッパだけでなく、イギリスにも普及させようと努力したほか、1728年にモンテスキューがヴェネツィアを訪れたさいには、ヴィーコの『新しい学』第一版を紹介している。

サルピ（Paolo Sarpi, 1552-1623）　122, 142, 152
ヴェネツィアの愛国者・教会改革者。主著に『トレント公会議の歴史』がある。

サンチェス（Francisco Sánchez, 1551-1623）　60, 112, 123
ポルトガル出身の哲学者。『不可知論』ほかの著作がある。

ジェノヴェーシ（Antonio Genovesi, 1713-1769）　14, 37
イタリアの哲学者・経済学者。『形而上学と論理学』ほかの著作がある。

ジャンノーネ（Pietro Giannone, 1676-1748）　10, 150
ナポリの哲学者・法学者・歴史家。イタリア啓蒙主義の代表的先駆者として知られる。『ナポリ王国政治史』や、『三つの王国――地上の王国、天上の王国、教皇の王国について』などの著作がある。

スパヴェンタ（Bertrando Spaventa, 1817-1883）　119
イタリアの哲学者。ナポリ・ヘーゲル学派の代表的存在。『ヨーロッパ哲学との関連におけるイタリア哲学』などの著作がある。

デカルト（René Descartes, 1596-1650）　24, 55-59, 61, 63-69, 72, 76-78, 83, 89, 91, 93, 95-96, 104, 130-131, 133-137, 140, 143
――主義　95-96, 129, 136
――派　63, 73-74, 94, 103
フランスの哲学者・数学者。『精神指導の規則』、『省察』、『方法叙説』などの著作がある。

デ・サンクティス（Francesco De Sanctis, 1817-1883）　26, 134
19世紀イタリアを代表する文学批評家。『イタリア文学史』ほかの

著作がある。

ドゥンス・スコトゥス（Duns Scotus, 1265/66-1308）　60, 120-121, 125, 133, 149-150

　――派　60, 79

　　スコットランド出身のフランシスコ会士。「精妙博士（Doctor subtilis）」の名で知られる。ペトルス・ロンバルドゥス（1100ごろ-1160）の編纂した『命題集』を注釈した『オルディナチオ』や、『第一原理論』などの著作がある。

トマス・アクィナス（Thomas Aquinas, 1225ごろ-1274）　97, 113-115, 117, 121, 130, 138, 149

　――主義　112, 116, 118, 120

　　イタリアの盛期スコラ学最大の哲学者・神学者。ドミニコ会士。『神学大全』や『対異教徒大全』などの著作がある。

トリチェッリ（Evangelista Torricelli, 1608-1647）　144-147

　　イタリアの数学者・物理学者。晩年のガリレオの助手を務め、ガリレオの死（1642）後、後任としてトスカーナ大公付数学者の地位を得た。

トンマゼーオ（Niccolò Tommaseo, 1802-1874）　26

　　イタリアの言語学者・作家。『イタリア語同義語新辞典』や『「神曲」註解』ほかの著作がある。晩年は『イタリア語辞典』全八巻（著者没後の1874年に完成）の編集に専念する。

パウルス・ウェネトゥス（Paulus Venetus, 1327ごろ-1429）　120

　　イタリア名パオロ・ヴェネト。アウグスティヌス会士。主著に『大論理学』がある。

パオリ（Sebastiano Paoli, 1684-1751）　30

　　イタリアの神学者。『政治的説教集』ほかの著作がある。

バーダー（Franz Xaver von Baader, 1765-1841）　112

　　ドイツの哲学者。自然のうちに神の啓示を見て、自然を神秘的な知恵の宝庫ととらえる「神智学」の提唱者として知られる。『自然におけるピュタゴラス的四』ほかの著作がある。

バルメス（Jaime Luciano Balmes y Urpía, 1810-1848）　112, 116-118

　　スペイン・カタルーニャ出身のカトリック司祭。『基礎哲学』ほかの著作がある。

フィチーノ（Marsilio Ficino, 1433-1499）　60, 125-127, 129, 133, 140, 151

　　ルネサンスのイタリアを代表する人文学者。メディチ家が所有する

フィレンツェ郊外の別荘（「プラトン・アカデミー」）で、パトロンのコジモ・デ・メディチから委託されたギリシア語写本にもとづいて、プラトンの全著作やプロティノスなどの著作をラテン語に翻訳した。『プラトン神学』ほかの著作がある。

フィネッティ（Bonifacio Finetti, 1705-1782）　31

ドミニコ会士。兄弟の名を借りて「ジャンフランチェスコ・フィネッティ」名で公刊されたヴィーコへの反論書『かつては野獣であったとの非難を浴びている人類の弁明』ほかの著作がある。

フェッラーリ（Giuseppe Ferrari, 1812-1876）　45, 51

イタリアの哲学者・歴史家・政治家。ヴィーコの著作集の編纂者としても知られる。

ブルーノ（Giordano Bruno, 1548-1600）　9, 139

イタリア後期ルネサンスの哲学者。『無限、宇宙および諸世界について』などの著作がある。

ペトルス・ヒスパーヌス（Petrus Hispanus, 13世紀）　120

中世哲学の代表的な体系書『論理学綱要』の著者として知られるが、それがだれであったのかについては、1276年に教皇ヨハネス21世になったポルトガル人であったとする説や、スペイン人でドミニコ会士であったとする説など、諸説がある。

ベルティーニ（Giovanni Maria Bertini, 1818-1876）　112

イタリアの哲学史家。トリーノ大学教授。王立トリーノ科学アカデミー会員。『超可感的実在の形而上学的証明にかんする批判的歴史』ほかの著作がある。

マルブランシュ（Nicholas Malebranche, 1638-1715）　66, 96, 104, 130, 135-136

キリスト教的プラトニズムを代表するフランスのデカルト派哲学者。『真理探求論』ほかの著作がある。

メタスタージオ（Pietro Metastasio, 1698-1782）　30

イタリアの詩人・劇作家。

ヤコービ（Friedrich Heinrich Jacobi, 1743-1819）　112

ドイツの哲学者。体系的思索や論証を斥ける一方で、感情や信仰において意識に開示される直接的な知を称揚する信仰哲学の立場を貫いた。『神的事物とその啓示』にヴィーコの『イタリア人の太古の知恵』への言及がある。

ルザン（Ignacio de Luzán, 1702-1754）　37

スペインの博識家。『詩学』（1737年）のなかでヴィーコの『新しい

学』に言及している。
ルルス（Raimundus Lullus, 1232ごろ-1316）　77
　　スペインの神学者・哲学者。神の崇高性を学芸の究極原理と考え、このことを図形や記号を用いて説明しようとした。
ロマーノ（Damiano Romano, 1708ごろ-1776）　38-39
　　イタリアの弁護士。十二表法にかんするヴィーコのテーゼへの反論書『ローマにやってきたギリシアの法律の歴史的擁護——ジョヴァン・バッティスタ・ヴィーコ氏の新しい見解に反対する』がある。

著者紹介
ベネデット・クローチェ（Benedetto Croce）
1866年、イタリア生まれ、1952年歿。哲学者、歴史家。日本語訳に『思考としての歴史と行動としての歴史』（上村忠男訳、未來社）『クローチェ政治哲学論集』（上村忠男訳、法政大学出版局）ほか。

編訳者紹介
上村忠男（うえむら・ただお）
1941年、兵庫県生まれ。東京外国語大学名誉教授。学問論、思想史専攻。著書に『ヘテロトピアの思考』『超越と横断』『無調のアンサンブル』（未來社）『ヴィーコ』（中公新書）ほか、訳書にヴィーコ『新しい学』（法政大学出版局）、アガンベン『例外状態』（未來社）ほか。

[転換期を読む 11]
ヴィーコの哲学

2011年2月10日　初版第一刷発行

本体2000円＋税――――定価

ベネデット・クローチェ――――著者

上村忠男――――編訳者

西谷能英――――発行者

株式会社　未來社――――発行所

東京都文京区小石川3－7－2
振替 00170-3-87385
電話(03)3814-5521
http://www.miraisha.co.jp/
Email:info@miraisha.co.jp

精興社――――印刷
五十嵐製本――――製本

ISBN 978-4-624-93431-6 C0310

未紹介の名著や読み直される古典を、ハンディな判で

シリーズ❖転換期を読む

1 望みのときに
モーリス・ブランショ著●谷口博史訳●一八〇〇円

2 ストイックなコメディアンたち——フローベール、ジョイス、ベケット
ヒュー・ケナー著●富山英俊訳/高山宏解説●一九〇〇円

3 ルネサンス哲学——付:イタリア紀行
ミルチア・エリアーデ著●石井忠厚訳●一八〇〇円

4 国民国家と経済政策
マックス・ウェーバー著●田中真晴訳・解説●一五〇〇円

5 国民革命幻想
上村忠男編訳●一五〇〇円

6 [新版] 魯迅
竹内好著●鵜飼哲解説●二〇〇〇円

7 幻視のなかの政治
埴谷雄高著●高橋順一解説●二四〇〇円

[消費税別]

8　当世流行劇場——18世紀ヴェネツィア、絢爛たるバロック・オペラ制作のてんやわんやの舞台裏
ベネデット・マルチェッロ著◉小田切慎平・小野里香織訳◉一八〇〇円

9　［新版］澱河歌の周辺
安東次男著◉粟津則雄解説◉二八〇〇円

10　信仰と科学
アレクサンドル・ボグダーノフ著◉佐藤正則訳◉二二〇〇円

本書の関連書

［消費税別］

＊思考としての歴史と行動としての歴史　フィロソフィア双書23
ベネデット・クローチェ著◉上村忠男訳◉二五〇〇円

＊イタリア・イデオロギー
ノルベルト・ボッビオ著◉馬場康雄・押場靖志訳◉上村忠男解説◉三八〇〇円

＊ヘテロトピアの思考　ポイエーシス叢書33
上村忠男著◉二八〇〇円

＊超越と横断——言説のヘテロトピアへ　ポイエーシス叢書49
上村忠男著◉二八〇〇円

＊無調のアンサンブル　ポイエーシス叢書56
上村忠男著◉二八〇〇円